AF524960

BACHBLÜTEN

BLUMEN DIE DURCH DIE SEELE HEILEN

Bachblüten

von EDWARD BACH

DIE BACHBLÜTEN UND IHRE WIRKUNG AUF DEN MENSCHEN

DIE BACHBLÜTEN ALS BEWUSSTES GEGENÜBER

von MARTIN SINZINGER

Bibliografische Information der Deutschen Nationalbibliothek
Die Deutsche Nationalbibliothek verzeichnet diese Publikation in der deutschen Nationalbibliografie; detaillierte bibliografische Daten sind im Internet über *http://dnb.ddb.de* abrufbar.

1. Auflage 2020

Stephan Wunderlich Verlag
Gorheimer Straße 16
D-72488 Sigmaringen
Tel.: +49 (0) 7571 / 6870261
Fax: +49 (0) 3222 / 6268144
e-mail: info@stw-verlag.de
Internet: www.stw-verlag.de

ISBN 978-3-948803-00-1

Originaltexte: Edward Bach
Vorwort und charakterisierende Beschreibungen zu den Blütenfotos, „Die Bachblüten und die Wirkung auf den Menschen" und „Die Bachblüten als bewusstes Gegenüber": Martin Sinzinger
Biographie von Edward Bach: Stephan Wunderlich

Fotos: Martin Sinzinger

Gestaltung / Satz: Albert Wimmer, Stephan Wunderlich

Druck: FINIDR, s.r.o., Lípová 1965, 737 01 Český Těšín, Tschechische Republik

INHALTSVERZEICHNIS

DIE FOTOS ZU DEN BACHBLÜTEN

MARTIN SINZINGER

Die Essenzen aus 37 Blüten und Quellwasser bilden den bekanntesten Teil des Lebenswerkes Edward Bachs. Er selbst sah darin die Möglichkeiten zur Heilung aller Krankheiten, denn für ihn war die Verfehlung des Lebenszieles durch spezifische, seelische Dispositionen der Grund aller Krankheit und allen Leidens. Obwohl er Arzt war, behandelte er aufgrund dieser Einsichten weder Symptome noch herkömmlich diagnostizierbare Krankheiten. Sein Ansatz bestand darin, dem jeweils ganz individuellen, konkreten Menschen den verschatteten oder aus dem Fokus geratenen Blick zum eigenen Lebensweg, zum authentischen Lebenszweck wieder zu ermöglichen.

Sein Ziel als Arzt und Heiler war so einfach wie radikal: Er wünschte die vollständige Freiheit des Menschen. Er sah seelische Irrungen, psychische Fixierungen als Hindernis zu diesem Ziel allen Menschseins – und die Krankheit als Zeichen, als Aufforderung, der Freiheit hinderliche Bindungen zu überwinden. Zentral steht dabei die Einsicht als Mensch nicht nur Körper, sondern vielmehr Seele und Geist zu sein.

Diese Formulierungen von Seele, von Geist und Freiheit sind dabei keinesfalls trivial, sondern gründen in der Überzeugung, dass dem Menschen eine ewige, göttliche Existenz zugrunde liegt. Aller Eigennutz und jeder auch nur subtile Egoismus, der Wunsch um materielle oder psychische Vorteilsnahme und Sicherheit steht damit dem innersten Ursprung und Ziel des Lebens entgegen. Frei – und damit im eigentlichen Sinn „heil" – ist der Mensch dann, wenn er sein Leben in diesem Sinn Selbst-Bestimmt und Selbst-Bewusst und damit nach den in seiner eigenen Seele veranlagten hohen ethischen und moralischen Werten bestimmt.

Edward Bach beschrieb damit ein Ideal, das er selbst sowohl bei sich, als auch als allgemeine kosmisch-menschliche Realität erkannte und lebte – einen Humanismus, der den scheinbaren Widerspruch vom transzendenten und konkreten Sein des Menschen überwindet. Der Mittelpunkt seines Lebens und seines therapeutischen Ansatzes ist damit eine Synthese von Leben und Geist in und durch die Freiheit des Menschen.

Mich faszinierten daher Edward Bach als Mensch, seine „Philosophie" und die Heilmittel gleichermaßen. Für mich klang in Edward Bachs Leben, seinen Aussagen und seinem Werk etwas an, das ich durch die Auseinandersetzung mit Rudolf Steiner und insbesondere durch das Kennenlernen von Heinz Grill sehr zu schätzen gelernt hatte.

Da ich von Kind an eine große Neigung zur Natur und ab der Jugend ein großes Interesse sowohl an Naturheilkunde, als auch an der Natur-Fotografie hatte, faszinierte mich die von Edward Bach initiierte Heilweise sehr. Mein Ansatz zur Beziehung zu den Pflanzen bestand dabei sowohl in soliden botanischen Kenntnissen, als auch in der von Heinz Grill beschriebenen Seelenübung zu den „Weisheitskräften" in der Natur. Durch diese Übung legt sich im Menschen langsam ein Sinn für die sich in der Natur Ausdruck verleihende übersinnliche Ebene schöpferischer Kräfte an.

Die Pflanze kann dabei als „Mittler" zwischen Erde und Kosmos, zwischen der irdischen Welt und den Kräften von Licht und Wärme erlebt werden. Sie gewinnt dadurch an tieferem Ausdruck, an Sinn und „Wesen". Auf der Ebene von seelischen Eigenschaften scheinen Mensch und Pflanze eine tiefe Beziehung zu besitzen. Die Pflanzen verkörpern das, was im Menschsein als Tugend, als reine Fähigkeit der Seele in die Existenz treten kann.

Friedrich von Schiller fasst dieses Geheimnis in sehr schöne Worte:

> *„Suchst Du das Höchste, das Größte? Die Pflanze kann es Dich lehren:*
> *Was sie willenlos ist, sei Du es wollend – das ist's!"*

Und so machte ich mich auf die Suche nach den 37 „Seelenpflanzen" von Edward Bach, um sie an Naturstandorten zu portraitieren und damit gewissermaßen als „Gegenüber", als konkrete Existenz darzustellen. In die unmittelbare Sichtbarkeit des Fotos tritt dabei natürlich die physische Gestalt der Pflanze. Wir nehmen visuell ihre Struktur, ihre Farbe, ihre Gestalt wahr. In technischer Hinsicht ist ein Foto natürlich nur ein zweidimensionales Abbild einer visuell dreidimensionalen Realität, bei dem sogar noch alle weiteren Sinneseindrücke – wie z.B. Düfte – fehlen.

Durch die Auseinandersetzung sowohl mit den Aussagen von Edward Bach als auch mit den Pflanzen entsteht aber dennoch eine Begegnung, eine Beziehung. Die Blume ist nicht nur ein „Ding", eine „Sache", ein Objekt oder Motiv, sondern sie wird zum Gegenstand des Interesses, das über die Gegenständlichkeit hinausreicht. Und es – so meine Erfahrung und Überzeugung – offenbaren sich im Licht der Betrachtung und der Suche nach tieferer Erkenntnis, auch die tieferen Ebenen der pflanzlichen Existenz. Wie ein unsichtbarer und dennoch wahrnehmbarer Glanz, wie eine zarte Sphäre der „Ausstrahlung" tritt dem Fotografen – und so hoffe ich – auch dem Betrachter der Fotografien ein „Hauch" der „übersinnlichen" Sphäre, des „Pflanzenwesens" entgegen.

Die Bilder möchten daher die konkrete Beziehungsaufnahme des Menschen zu den Heilmitteln Edward Bachs fördern. Sie möchten anregen, das – nach Goethe – „offenbare Geheimnis" sowohl in der Natur als auch im Menschsein eigenständig immer besser zu ergründen und in Erfahrung zu bringen. Denn gerade diese Schritte der eigenen Aktivität, des Interesses am „Sein des Anderen", an der stillen Beziehung von Mensch und Blume fördern die Freiheit des Menschen im Sinne Edward Bachs.

Sie können damit wichtige Impulse zur Heilung vermitteln – zur Heilung des Menschen, aber auch zur Förderung der Natur. Was der Mensch an Beziehung und Freiheit erringt, übersteigt das rein individuelle Sein. Die Impulse und Möglichkeiten der Heilung durch die „Bach-Blüten" können daher größer, umfassender und auch schöner gedacht werden, als „nur" eine Linderung eigener Beschwerden zu erfahren. Sie können die Tür zu einer reellen Wahrnehmung der Verbundenheit alles Lebens öffnen und die Einsicht vermitteln, dass mein Interesse an einer Pflanze, an einem Menschen diese – körperlich – von mir getrennte Wirklichkeit auf seelischer Ebene näherbringt.

Indem ich selbst die Tugendkräfte der Pflanze als Wirklichkeit erkenne, prägt diese Erkenntnis auf stille Weise das Bewusstsein. Und damit trägt der Mensch auch in die Welt der Blumen wieder Kräfte hinein, welche diese heute – ohne diese Aktivität des Menschen – in zunehmendem Maß entbehren müssen.

„Heilung" ist in diesem Sinne immer ein Prozess der Gegenseitigkeit. Ich bin dann „heil", wenn ich selbst „Heil" bringe, wenn ich den hoffenden Konsum in einen produktiven Prozess des Interesses und des In-Beziehung-Tretens verwandle.

Somit erschließt sich mit den Bach-Blüten, in der Auseinandersetzung mit den Gedanken Edward Bachs, mit der Betrachtung der „Therapeutika" ein sehr schönes und hoffnungsfrohes Feld. Wenn es eine Krankheit ist, die uns zu dieser Beschäftigung führt, so könnte man mit einer gewissen Heiterkeit sagen „dann gibt es Schlimmeres". Denn es wäre wohl schlimmer, diese Aspekte und Möglichkeiten des Lebens nicht entdeckt zu haben ...

DIE ZWÖLF HEILER UND ANDERE HEILMITTEL
EDWARD BACH (1936)

EINFÜHRUNG

Seit unvordenklichen Zeiten ist es bekannt, dass die göttliche Vorsehung der Natur Mittel zur Vorbeugung und Heilung von Krankheiten gegeben hat in Gestalt göttlich angereicherter Kräuter, Pflanzen und Bäume. Die Heilmittel der Natur, die in diesem Buch vorgestellt werden, haben bewiesen, dass sie in ihrem gnadenreichen Wirken mehr als andere gesegnet sind und ihnen die Kraft gegeben ist, alle Arten von Krankheiten und Leiden zu heilen.

Bei der Behandlung mit diesen Heilmitteln wird der Art der Krankheit keine Beachtung geschenkt. Der Mensch wird behandelt, und während er gesundet, verschwindet die Krankheit, die abgeschüttelt wird von der erstarkenden Gesundheit.

Jedermann weiß, dass dieselbe Krankheit bei verschiedenen Menschen verschiedenartige Auswirkungen haben kann. Diese unterschiedlichen Auswirkungen sind es, die der Behandlung bedürfen, denn sie führen uns zur eigentlichen Ursache zurück.

Das Gemüt ist der feinste und empfindlichste Teil des Menschen und zeigt den Beginn und Verlauf einer Krankheit viel deutlicher als der Körper, und so gilt die Einstellung des Gemüts als Hinweis auf das oder die Heilmittel, die notwendig sind.
Bei der Krankheit verändert sich der Gemütszustand im Vergleich zum sonstigen Leben. Wer aufmerksam beobachtet, kann diese Veränderung häufig vor – manchmal auch lange vor – dem Auftreten der Krankheit wahrnehmen und durch eine Behandlung das Erscheinen von Beschwerden rechtzeitig verhindern. Wenn eine Krankheit schon einige Zeit besteht, wird die Stimmung des Leidenden uns ebenfalls zu dem richtigen Heilmittel hinführen.

Man schenke also dem Krankheitsbild keine Beachtung, sondern denke allein an die Lebenseinstellung und Stimmung des Erkrankten.

Achtunddreißig verschiedene Gemütszustände werden in einfacher Weise beschrieben. Es sollte keine Schwierigkeit sein, für sich selbst oder einen anderen den vorherrschenden Zustand oder die Kombination von Gemütslagen herauszufinden und so die notwendigen Heilmittel zu verabreichen, um eine Heilung zu bewirken.

DIE HEILMITTEL UND IHRE BEGRÜNDUNG

DIE 38 HEILMITTEL UND IHRE ZUGEHÖRIGKEIT ZU FOLGENDEN 7 GRUPPEN

1. Für jene, die Angst haben
2. Für jene, die an Unsicherheit leiden
3. Für jene, die nicht genügend Interesse an der Gegenwarts-Situation haben
4. Für jene, die einsam sind
5. Für jene, die überempfindlich gegenüber Einflüssen und Ideen sind
6. Für jene, die mutlos und verzweifelt sind
7. Für jene, die um das Wohl anderer allzu besorgt sind

Rock Rose

Helianthemum nummularium - Zistrosengewächse

SONNENRÖSCHEN

Jeder aufmerksame Bergwanderer kennt das Sonnenröschen, das als Halbsträuchlein kaum einmal 30 cm hoch wird. Aus dem niederliegenden, verholzten, mit Blättern besetzten „Stamm" richtet sich der Blütentrieb auf.

Die Blüte wirkt hell, freundlich und doch auch sensibel. Sonnengelbe Blütenblätter umkränzen die Staubgefäße und die Stempel. Nach erfolgter Befruchtung durch ein Insekt bildet sich aus dem unterständigen Fruchtknoten eine kleine Samenkapsel, die wie ein Glöckchen am Stiel hängenbleibt, während sich nach oben immer weitere Blüten entfalten.

Dr. Edward Bach sah in dieser Pflanze ein Heilmittel für Schockzustände, und er mischte die Essenz „Rock Rose" auch dem „Rescue Remedy" bei. Bei Schrecken, der sich nicht auf materielle Dinge bezieht, bei Entsetzen vor Mord und anderen schrecklichen Dingen, soll die kleine Pflanze Ruhe und Besinnung spenden.

So ist es interessant unter dem Eindruck der Ausführungen Bachs die kleine Blume, die mit kargen Standorten vorlieb nimmt, einmal mehr besinnlich auf sich wirken zu lassen. Man kann sich den Standort und das Aussehen der Pflanze einmal genau einprägen, und gleichzeitig dem von ihr ausströmenden, unsichtbaren Wesen eine stille Aufmerksamkeit schenken.

Edward Bach: Das Heilmittel in Notfällen, ja, in allen Fällen, in denen es scheinbar keine Hoffnung mehr gibt. Bei Unfällen oder plötzlicher Erkrankung oder wenn der Patient sehr erschreckt ist oder große Angst hat oder wenn die Lage ernst genug ist, um den Anwesenden ebenfalls große Angst zu machen. Wenn der Patient nicht bei Bewusstsein ist, kann man ihm die Lippen mit dem Mittel benetzen. Zusätzlich kann man auch noch andere Heilmittel anwenden, wie zum Beispiel Clematis (Gemeine Waldrebe), wenn die Bewusstlosigkeit wie ein tiefer Schlaf scheint oder Agrimony (Odermennig) bei qualvollen Schmerzen usw.

Mimulus

Mimulus guttatus - Braunwurzgewächse

GEFLECKTE GAUKLERBLUME

„Bei Angst – ohne Entsetzen –, sondern eher bei ruhiger Angst gebe man Mimulus," so charakterisierte Dr. Edward Bach die Anwendung der Blütenessenz der Gauklérblume. Angst vor weltlichen Dingen, spreche auf Mimulus an, ergänzte er seine Aussage.

Die Pflanze ist weder bei uns, noch in England heimisch. Sie stammt ursprünglich aus Nordamerika und sie wurde zum Teil eingebürgert, zum Teil ist sie aus Gärten verwildert. Man findet sie hin und wieder an Bachläufen, jedenfalls immer nur dort, wo sie „nasse Füße" hat.

So wirkt sie auch in ihrer ganzen Gestalt wässrig-krautig. Sie vermehrt sich sowohl durch Samen als auch durch Ausläufer und bildet dort, wo sie vom Schneckenfraß nicht zu sehr dezimiert wird, mit der Zeit größere Bestände.

Ihre Blüten sind durch einen tiefen Schlund gekennzeichnet, einer Form, die den Rachenblütlern z.B. auch beim Löwenmäulchen eigen ist. Die Oberlippe bildet sich bei der Gauklerblume in zwei, die Unterlippe in drei rundlichen Lappen aus. Durch die gelbe Farbe der Blüte und ihren ganzen Habitus wirkt die Pflanze heiter, wenngleich sich die Blüten eben nicht öffnen, wie beispielsweise die Korbblüten der Sonnenblume, sondern einen eigenen Innenraum bilden.

Edward Bach: Furcht vor weltlichen, konkreten Dingen, vor Krankheit, Schmerz, Unfällen, Armut, Dunkelheit, Alleinsein, Unglück. Die Ängste des täglichen Lebens. Diese Menschen ertragen ihre Ängste, ohne zu klagen, und sprechen nur selten frei darüber zu anderen.

Cherry Plum

Prunus cerasifera - Rosengewächse

KIRSCHPFLAUME

Die Kirschpflaume gehört zur Familie der Rosengewächse, die Dr. Edward Bach mit vier Vertretern, nämlich „Wild Rose", „Agrimony" und „Crab Apple" in sein Sortiment der 38 Blüten aufnahm.

Die Kirschpflaume wächst sowohl als Baum, als auch als Strauch und ist im Habitus sehr variabel. Sie steht manchmal in Hecken oder auch in alten Obstgärten und erinnert etwas an den sparrigen Wuchs der Schlehe, wobei ihre Äste sowohl bedornt, als auch glatt sein können.

Wie auch die Schlehe blüht die Kirschpflaume sehr früh und üppig. Die schönen Blüten mit ihren zarten Staubgefäßen können am Morgen von Reif überzuckert oder bei einem Wettersturz eingeschneit sein – was sie mit einer gewissen Robustheit übersteht. Dennoch währt die Blütezeit nur kurz und erst dann treibt das Laub.

Während in ihrem dichten Grün die Früchte reifen, ist dieses Gehölz sehr unscheinbar und erst wenn sich im Frühherbst die Äste unter deren Last biegen, fällt sie wieder auf. Das Aussehen dieser Steinfrüchte liegt tatsächlich zwischen Kirsche und Pflaume. Allerdings kommen sie weder im Aroma, noch in der Süße, an den Wohlgeschmack dieser domestizierten Kulturobstsorten heran.

Edward Bach: Furcht, den Verstand zu verlieren oder dass man gefürchtete, schreckliche Dinge tun könnte, die man nicht will und als falsch erkennt, während man trotzdem den Impuls erkennt, sie zu tun.

Aspen

Populus tremula - Weidengewächse

ESPE / ZITTERPAPPEL

Der Volksmund bedient sich der Espe für einen sehr sinnfälligen Vergleich: Jemand zittert wie Espenlaub. Die Zitterpappel, wie sie auch genannt wird, hat tatsächlich diese ganz auffällige Eigenart, dass ihr Laub ständig am Zittern, am Flüstern und am Rauschen ist. Der Grund dafür liegt – statisch gesehen – darin, dass der Blattstiel im Querschnitt nicht rund, sondern sehr stark längsoval ist. Dadurch kippt das Blatt beim leisesten Windhauch.

Die Espe ist ein sehr schnellwüchsiger Baum mit weichem, brüchigem Holz. Sie erreicht ihre endgültige Wuchshöhe von bis zu 35 m bereits nach 60 Jahren und wird mit etwa 100 Jahren nicht sehr alt. Die Zitterpappel ist eine typische Lichtholzart, die in Beständen nicht aufkommen kann und daher oftmals die Pionierbesiedelung von offenen Flussufern übernimmt.

Für die natürliche und weitere Verbreitung bedient sich die Espe ihrer in weiche Baumwolle gehüllten Samen. Diese trägt der Wind über das Land, wie er im Frühling auch den balsamischen Duft ihrer klebrigen Knospen verweht.

In der Pflanzenheilkunde verwendet man eine Salbenzubereitung aus diesen Knospen zur Behandlung von Rheuma, Entzündungen und Hämorrhoiden.

Edward Bach: Vage Ängste vor unbekannten Dingen, die sich nicht begründen oder erklären lassen. In diesem Fall kann der Patient Angst davor haben, dass etwas Schreckliches passiert, ohne zu wissen, was dies sein könnte. Diese unbestimmten, unerklärlichen Ängste können ihn Tag und Nacht verfolgen. Die so Leidenden fürchten sich oft, über ihre Nöte zu sprechen.

Red Chestnut

Aesculus carnea - Rosskastaniengewächse

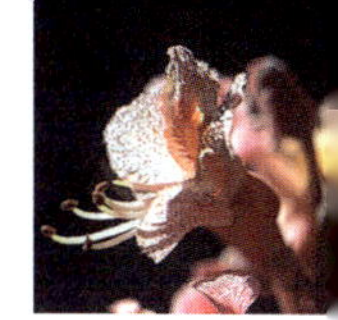

ROTE KASTANIE

Die Rote Kastanie geht auf eine Kreuzung zwischen einer nord-amerikanischen Kastanienart mit der Rosskastanie zurück. Sie hat sich als eigenständige Rasse erhalten und ist als Park- und Straßenbaum beliebt. Sie bleibt im Wuchs etwas kleiner als die Weiße Kastanie, und sie wirkt etwas dichter und belaubter als diese.

Sie hat herrliche rote (carnea-fleischfarben) Blütenstände, die etwas kleiner und lockerer sind, als die der Rosskastanie. Auch aus diesen Blüten entwickeln sich Kastanien, die ebenso von einer stacheligen Hülle umgeben sind. Diese Stacheln sind bei der roten jedoch recht klein und weich.

Wie bei der weißen Kastanie sind auch diese Früchte – im Unterschied zur Marone – nur nach langwierigen Maßnahmen zur Entbitterung genießbar.

Edward Bach: Für jene, denen es schwerfällt, sich nicht um andere zu ängstigen. Oft haben sie es schon aufgegeben, sich über sich selbst Sorgen zu machen, können aber um jene, die sie lieben, viel bangen und leiden und haben häufig Angst, dass ihnen etwas Schlimmes zustoßen könnte.

Cerato

Ceratostigma willmottiana - Bleiwurzgewächse

BLEIWURZ

Die Bleiwurz ist im Himalaya heimisch. Dr. Edward Bach entdeckte dieses Heilmittel daher in einem Garten. Bei uns gibt es als heimischen Vertreter dieser Gattung nur die „Grasnelke" im Gebirge oder am Meer, die aber im Aussehen keine Gemeinsamkeit mit ihrem tibetischen Vetter aufweist. Bach fand auch keinen europäischen Ersatz für diesen Exoten, dessen Indikation er wie folgt beschrieb: Der Patient, der törichte Dinge tun will, jedermann um Rat fragt und jede, aber auch jede Behandlungsempfehlung zu befolgen versucht, braucht Cerato.

Er sah in der Bleiwurz wohl die Möglichkeit, die Kapazität zu einer mehr eigenen und weisheitsvollen Betrachtung und Gestaltung des Lebens zu fördern. Diese Kapazität ist, gerade heute, in unserer von Entfremdung gekennzeichneten Kultur, wohl allgemein ganz wichtig. So scheint es auch nötig, die Motivation und Ansicht des englischen Heilers tiefer zu studieren, damit man nicht, wie der törichte Patient, jede Behandlungsempfehlung so hoffnungsfroh wie willig, entgegennimmt.

Es ist sicherlich von großem Wert, wenn man sich einen eigenen Eindruck über das jeweilige Heilmittel verschafft, wenn man so eigenaktiv und besinnlich forschend die Gedanken Bachs nachzuvollziehen lernt. Die Einnahme der Arzneien mag dabei hilfreich sein, aber sie sollte wohl doch mit Bedacht erfolgen.

Edward Bach: Für jene, die an ihren Fähigkeiten zweifeln, Entscheidungen oder Urteile zu fällen. Sie fragen ständig andere um Rat oder sind oft schlecht beraten.

Scleranthus

Scleranthus annuus - Nelkengewächse

EINJÄHRIGER KNÄUEL

Für gewöhnlich sind die Nelken, die wir kennen, auffällige, ja oftmals prächtige, duftende Blumen. Aber doch bringt die Nelkenfamilie, die zu einem eher sparrigen Wuchs neigt, auch unscheinbare Pflänzchen hervor. Die Hornkräuter und Mieren sind schon sehr bescheiden, am bescheidensten ist aber wohl der Knäuel.

Da er dem Kalk sehr stark flieht, ist er, obwohl ansonsten anspruchslos, in weiten Gebieten nicht zu finden. Aber selbst dort, wo man weiß, dass er wächst, ist er durch seine Unauffälligkeit kaum zu entdecken. Er ist nicht nur sehr klein und seine Blüten winzig und grün, sondern er zerfließt geradezu mit der Umgebung. Wenn er seine Triebe auch weit im Unterbewuchs ausbreitet, so bleibt er doch beinahe unsichtbar.

Dr. Edward Bach entdeckte diese durch ihre Unauffälligkeit auffallende Pflanze nicht nur, sondern er sah in ihr auch ein Heilmittel: „Der Schlüsselbegriff für diesen Typen ist sein Mangel an Stabilität und Vertrauen. Er besitzt kein Selbstvertrauen und sucht deshalb immer den Rat anderer, was dazu führt, dass er zwischen verschiedenen Empfehlungen und Meinungen seiner Freunde hin und her schwankt. Er ist nicht imstande, Entscheidungen zu treffen und hat darunter sehr zu leiden."

Edward Bach: Für jene, die sehr darunter leiden, sich nicht zwischen zwei Dingen entscheiden zu können, weil abwechselnd das eine, dann das andere ihnen richtig erscheint. Sie sind im Allgemeinen stille Menschen, die ihre Schwierigkeiten allein tragen, da sie nicht geneigt sind, mit anderen darüber zu sprechen.

Gentian

Gentianella amarella - Enziangewächse

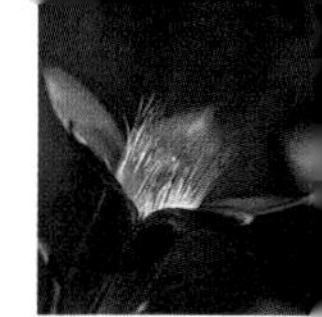

BITTERER ENZIAN

Die Pflanze, die landläufig Herbstenzian genannt wird, erscheint wie eine Art Gegenstück zum Frühlingsenzian. Jedoch sind mit dem Begriff „Herbstenzian" gleich mehrere Arten umfasst. Unter der Namenspatenschaft ihrer späten Blütezeit stehen nämlich vier kaum zu unterscheidende Enziane, der Feld-, der Deutsche-, der Raue- und eben der Bittere Enzian, den Dr. Edward Bach verwendete.

Im Herbst verebbt das im Frühjahr so deutlich grünende und sprießende Leben. Die Vegetation zieht sich immer mehr zurück. Die Oktobersonne steht nicht mehr so hoch und hell am blauen Himmel, sondern sie leuchtet mehr schon in den gedämpften, goldenen Tönen des Abends. Und als möchte es diesen Farbton erwidern, ist auch das Blau der Herbstenziane mit Rot abgetönt.

Vielleicht fühlt man sich daher so freudig berührt, wenn nun im Herbst und womöglich weit von den Bergen entfernt, noch der Herbstenzian blüht? Es ist schon etwas Besonderes, wenn er seine zarten Blüten, die er bei Wind und Regen, bei bedecktem Himmel und bei Kälte geschlossen hält, an einem der schönen Herbsttage noch öffnet; wenn man im langsam schon dürren Gras noch dieses Kleinod entdeckt.

Edward Bach: Für jene, die sich leicht entmutigen lassen. Sie machen vielleicht schon gute Fortschritte in ihrer Krankheit oder den Angelegenheiten ihres täglichen Lebens, aber bereits die geringste Verzögerung oder das kleinste Hindernis lässt sie zweifeln und macht sie mutlos.

Gorse

Ulex europaeus - Schmetterlingsblütler

Stechginster

Der Stechginster, den Dr. Edward Bach zu seinen Heilmitteln aufnahm, bildet dichte, undurchdringliche Gebüsche. Seine Blätter sind zu spitzen, harten Dornen umgebildet. Mit seinem ins Graue tendierendem Grün wirkt er wenig heiter und einladend. Und doch verwandelt er zur Blütezeit, die sich vom zeitigen Frühjahr bis in den Sommer erstreckt, ganze, ansonsten karge und oft dürre Landschaften in gelb leuchtende Paradiese. Weite, gelbblühende und mandelartig duftende Hänge und Flächen sind für ihn daher typisch.

So ist es vor allem der landschaftliche Eindruck, der sich beim Ginster einprägt, wenngleich seine einzelnen Blüten überaus reizvoll sind. Zur Familie der Schmetterlingsblütler gehörend, haben sie einen fast animalischen Ausdruck, und sie verfügen über eine ausgeklügelte „Mechanik", die den blütenbesuchenden Insekten den Pollen auf den Rücken aufträgt.

Die Samen reifen dann in kleinen Schoten heran, ähnlich wie bei den Bohnen, die zur gleichen Familie gehören, nur härter, dürrer, holziger.

In der Pflanzenheilkunde werden die Blüten des Besenginsters verwendet, Dr. Edward Bach bevorzugte jedoch den kantigen, wehrhaften Stechginster.

Edward Bach: Tiefe Hoffnungslosigkeit; diese Menschen haben den Glauben aufgegeben, dass ihnen noch geholfen werden kann. Auf Zureden und um anderen einen Gefallen zu tun, probieren sie vielleicht verschiedene Behandlungsformen aus, versichern aber dabei ihrer Umgebung, dass die Hoffnung auf Linderung nur ganz gering sei.

Hornbeam

Carpinus betulus - Birkengewächse

HAINBUCHE

Die Hainbuche gilt im bayrischen Sprachraum als ein Synonym für einen Menschentyp, der als besonders urwüchsig und stabil gilt. Ein solcher Mensch ist „hagelbuchern".

Wenn man den Baum betrachtet, dann hat er auch tatsächlich etwas an sich, das knorrig, zäh und kompakt wirkt. Man sieht ihm bereits an, dass sein Holz nicht etwa spröde oder weich ist, sondern mehr den Eigenschaften von Horn nahekommt. Seine Stämme winden sich oft, sodass sie manchmal etwas von einem Schlangenleib an sich haben – etwas Pralles, Festes, fast Muskulöses.

So war das „hagelbucherne" Holz früher auch ein begehrter Werkstoff. Man verwendete es für Nägel im Fachwerk, oft an Stelle des teuren Eisens, und die Sohlen der Hobel wurden ebenfalls aus der „Weißbuche" gefertigt, bis es vom billigeren importierten Teakholz verdrängt wurde.

Bei aller Festigkeit verträgt die Hainbuche – daher der Name – aber auch einen kräftigen Schnitt, sodass sie oft und gerne als Umfriedung verwendet wurde und auch heute oftmals Hainbuchenhecken gepflanzt werden. Im Süden wird die Hainbuche von der Hopfenbuche vertreten, deren Regenerationsfähigkeit in der Nieder- und Mittelwaldwirtschaft sehr geschätzt ist.

Edward Bach: Für jene, die das Gefühl haben, nicht genügend seelische oder körperliche Kraft zu besitzen, um die Bürde des Lebens zu tragen. Die Angelegenheiten des Alltags erscheinen ihnen zu schwer, auch wenn sie ihre Aufgabe in der Regel erfüllen können. Für jene, die glauben, dass sie körperlich oder seelisch einer Stärkung bedürfen, um ihr Tagwerk leichter vollbringen zu können.

Wild Oat

Bromus ramosus - Gräser

WALD-TRESPE

„Wild Oat", Wilder Hafer, nennt sich dieses Gras in England. Dr. Edward Bach wählte die Essenz daraus für Menschen, die ihr Ehrgeiz hin- und her treibt, die unsicher sind, was sie tun sollen, was ihre vorrangige Bestimmung sei. Vielleicht sind dies Personen, die, wie man so sagt, „der Hafer sticht".

Für den Laien werden die Gräser insgesamt schwer zu unterscheiden sein, und die Familie der Trespen bringt einige sehr ähnliche Formen hervor. Die Waldtrespe wächst, wie dies der Name zum Ausdruck bringt, gerne im lichten Schatten von Waldrändern, von Hecken, manchmal auch in Kahlschlagflächen. Sie ist ein Gras, das bis zu 1,5 m hoch wird, fein behaart ist und insgesamt einen sehr sensiblen, lichten und lockeren Eindruck macht.

Wie so oft, entdeckt man auch ihre Schönheit erst bei intensiver Betrachtung, und auch ihre Blüte wird man leicht übersehen. Wie bei den Gräsern üblich, hängen nur einige Staubbeutel aus den Grannen heraus, und die weiblichen Stempel sind wie winzige Federn in deren Winkel versteckt.

Aber doch hat diese „Blüte" etwas Bezauberndes, und wenn man einmal auf dieses Gras aufmerksam geworden ist, dann wird man sich immer wieder freuen, wenn man es irgendwo entdeckt.

Edward Bach: Für jene, die den Ehrgeiz haben, in ihrem Leben etwas Außerordentliches zu leisten, die viel Erfahrung sammeln und alles genießen möchten, was das Leben ihnen zu bieten hat, die sich des Lebens in vollen Zügen erfreuen wollen. Ihre Schwierigkeit besteht darin, zu entscheiden, welcher Beschäftigung sie nachgehen sollen, denn obgleich ihr Ehrgeiz groß ist, fühlen sie sich von keiner Berufung besonders angezogen. Dies kann zu Verzögerungen und Unzufriedenheit führen.

Clematis

Clematis vitalba - Hahnenfußgewächse

GEMEINE WALDREBE

Von den federhaften Samen der Waldrebe erwähnte Dr. Edward Bach, dass sie sich sehnen vom Wind verweht zu werden, um irgendwo neu zu beginnen. Und das Heilmittel aus ihren Blüten soll den Träumern helfen, sich dem Leben und seinen Aufgaben zu stellen. Die Gemeine Waldrebe ist die unscheinbare Schwester der prächtigen Alpenwaldrebe, und beide sind sie die kletternden und rankenden Vertreter der überaus formenreichen Familie der Hahnenfußgewächse. Ihre Samenstände sehen denen der Küchenschelle ähnlich, nur dass sie sich nicht niedrig am Boden, sondern hoch im Gebüsch entfalten.

Die Waldrebe liebt kalkhaltigen Boden, und wo ihr der Standort behagt, ist sie überaus wüchsig. Aus den im Herbst und Winter wie abgestorben wirkenden Stängeln treibt sie im Frühjahr das frische Blattwerk, in dem sich später dann die kleinen gelblich-grünen Blüten entfalten. Sie überwuchert ganze Bäume und Hecken, verwandelt Waldränder in ein undurchdringliches Gestrüpp, das viele Vögel als Nistplatz schätzen.

Die zwischen den Knoten von zahlreichen Kanälen durchzogenen Stängel, die mit der Zeit verholzen, waren früher für die Jugend die ersten „Zigaretten". Über deren Bekömmlichkeit und Geschmack lässt sich wohl streiten, aber sicher ist, dass mancher Nichtraucher seine Abstinenz vom Glimmstängel den frühen Erfahrungen mit dem „Jutenstrick", wie ihn der Volksmund nennt, verdankt.

Edward Bach: Für jene, die verträumt, schläfrig, nicht ganz wach sind und kein großes Interesse am Leben haben. Ruhige Menschen, die nicht ganz zufrieden mit den gegenwärtigen Umständen sind und mehr in der Zukunft als im Jetzt leben; sie leben in ihren Hoffnungen auf glücklichere Zeiten, in denen ihre Ideale wahr werden könnten. Im Krankheitsfalle machen manche von ihnen sich kaum oder gar keine Mühe, wieder gesund zu werden und einige von ihnen scheinen sich sogar auf den Tod zu freuen, in Erwartung besserer Zeiten – oder vielleicht in der Hoffnung, jemandem wiederzubegegnen, den sie durch den Tod verloren haben.

Honeysuckle

Lonicera caprifolium - Geißblattgewächse

GEISSBLATT

Das „Honeysuckle" wird bei uns „Je länger je lieber" oder „Geißblatt" genannt. Die gesamte Familie umfasst einige Sträucher und einige Kletterpflanzen, denen allen eine typische Blütenform und ihre Neigung an Waldrändern zu wachsen, eigen ist.

Die rankenden Formen winden nach rechts und auch sie verholzen. Finden sie eine Rankhilfe und Unterlage, so können sie eine Höhe von 10 Metern erreichen und damit ganze Hecken einranken. Sie werden auch gerne kultiviert, denn sie verzaubern Lauben und Torbögen mit ihrem Laub, auf dem Wassertropfen wie Perlen stehen bleiben.

Weiterhin schätzt man ihre süß duftenden Blüten, die sich meist nur für eine Nacht öffen. Gerade in lauen Frühsommernächten verströmen sie ihren Duft intensiv. Schwer und schwülstig, ähnlich wie Flieder hat er etwas fast Tropisch-Sehnsüchtiges an sich.

Die Nachtfalter aus der Familie der Schwärmer befliegen die Blüten, denn allein sie sind durch ihren langen Rüssel in der Lage, den Nektar am Ende der langen Blütenröhre zu erreichen. Mit schwirrendem Flug stehen sie wie Kolibris in der Luft, um blitzschnell den Standort zu wechseln.

Aus den befruchteten Blüten bilden sich kleine rote, perlenförmige Früchte, die sehr lange am Strauch verbleiben und gerne von Vögeln wie Grasmücken gefressen werden. Über ihre Verdauung verbreiten sie die Samen wiederum besonders an Waldrändern und Hecken.

Edward Bach: Für jene, die in Gedanken viel in der Vergangenheit weilen, einer sehr glücklichen Zeit, oder die den Erinnerungen an einen verlorenen Freund nachhängen oder alten Wunschträumen, die sich nicht erfüllt haben. Sie können nicht glauben, außer dem vergangenen noch einmal Glück zu erleben.

Wild Rose

Rosa canina - Rosengewächse

HECKENROSE

In dieser großen Familie brachte die Natur und die Pflanzenbaukunst vielerlei Nutzpflanzen hervor. Sowohl Mandel, als auch Apfel oder Kirsche sind „Rosen"früchte, die süße Erdbeere ebenso wie die herbe Schlehe. Die Rosenfamilie dient der menschlichen Ernährung, und sie schenkt auch viele Heilmittel. Der Weißdorn wird zur Stärkung des Herzens verwendet, und die Frucht der Heckenrose enthält sehr viel Vitamin C.

Aber doch wird gerade die Rose als ein viel feineres Therapeutikum bezeichnet werden dürfen. Dr. Edward Bach empfahl sie für Menschen, die sich den Umständen ohne rechten Widerstand ergeben.

Angelus Silesius beschrieb in seinem „Cherubinischem Wandersmann" das seelenhafte Gleichnis: „Die Ros'" ist ohne ein warum: Sie blühet, weil sie blühet, sie acht nicht ihrer selbst, fragt nicht ob man sie siehet."

Und Heinz Grill schreibt in „Die Heilkraft der Seele und das Wesen des selbstlosen Dienens": „Die Rose ist die edelste aller Heilpflanzen. ... Das Zeichen der Christusliebe lebt in ihr, die eine Liebe fern der Sünde ist." Er empfiehlt ihre „Anwendung" in der „besten und edelsten Form ein Heilmittel zu gebrauchen": „die unmittelbare Meditation und Verinnerlichung auf ihre Expression."

Edward Bach: Für jene, die sich ohne genügenden Grund in Gleichgültigkeit allem ergeben, das geschieht, die einfach durchs Leben treiben, es annehmen wie es sich bietet, ohne irgendeine Anstrengung zu unternehmen, die Dinge zu bessern und etwas Freude zu finden. Sie haben sich dem Lebenskampf klag- und widerstandslos ergeben.

Olive

Olea europaea - Ölbaumgewächse

OLIVE / ÖLBAUM

Der Ölbaum begleitet die menschliche Kultur von Alters her. Er kann wohl als der Baum der Mittelmeerländer bezeichnet werden. Mit seinen silbrig-grünen Blättern und den knorrigen Stämmen richtet er sich in den Himmel und gleichzeitig wurzelt er schier unvergänglich in karger, heißer Erde.

Die Olive strahlt etwas Kräftiges und Kräftigendes aus. Sie treibt aus Bruchstücken alter Stämme wieder frische Triebe, sie schenkt mit den Oliven ungemein ölreiche Früchte, und sie gibt mit dem Blütenheilmittel, das Dr. Edward Bach entdeckte, eine Essenz, die den Erschöpften zu neuer Kraft verhelfen kann.

Was aber, ergänzend zur Einnahme von auch noch so feinen Heilmitteln wichtig erscheint, ist die eigene Anschauung und Gedankenbildung dazu. In diesem Sinn kann es faszinierend sein, die sonst wohl meist übersehenen Blüten dieses Baumes zu suchen, und somit die eigene Beziehung zur Pflanzenwelt zu intensivieren.

Diese Hinwendung leistete Dr. Edward Bach mit größter Ernsthaftigkeit, und so können seine einfühlsamen Worte – wie auch die Aussagen von Rudolf Steiner oder Heinz Grill – über die Pflanzen auch den weniger „hellsichtigen" Menschen zu tieferen Einsichten führen. Sie illustrieren immer wieder die stille Verbindung von Pflanze und Mensch auf treffliche Weise.

Edward Bach: Für jene, die seelisch oder körperlich so gelitten haben, so erschöpft und müde sind, dass sie das Gefühl haben, keine Kraft mehr zu besitzen, um sich von Neuem anzustrengen. Das tägliche Leben ist für sie Schwerarbeit, freudlose Mühe.

White Chestnut

Aesculus hippocastanum - Rosskastaniengewächse

WEISSE KASTANIE

Jeder kennt den Baum, der in Parks, Alleen, an Waldrändern – und in Biergärten steht. Bei uns vor der Eiszeit heimisch und im 16. Jahrhundert wieder eingebürgert, bringt er zur Blütezeit doch einen fast exotisch wirkenden Hauch mit sich. Über und über mit weißen Blütenkerzen geschmückt ist er herrlich anzuschauen.

Die Einzelblüten haben eine Besonderheit. Sie besitzen ein sogenanntes „Saftmal", das heißt einen farbigen Fleck, der über dem nektarspendenden Blütengrund sitzt. Dieser Farbfleck ist bei frischen Blüten gelb, und er verfärbt sich mit der Befruchtung rot.

Im Sommer schätzt man den dichten Schatten dieser Bäume, und über die Kastanie im Herbst bemerkte J. D. Godet in seinem Buch „Bäume und Sträucher" so treffend: „... Herbstlicher Frucht- und Laubfall werden ihr oft angekreidet. Welche Freude herrscht aber heute noch wie einst unter den Kindern vor, wenn sie Gelegenheit haben, Rosskastanien zu sammeln. Dies allein sollte Grund genug sein, sie zu pflanzen. ..."

Dr. Edward Bach wählte die Kastanie als Heilmittel für jene Menschen, die sich gegen einströmende negative Gedanken nicht ausreichend abgrenzen können. In der Naturheilkunde wird ein Extrakt der Kastanienschalen zur Stärkung von Venen und Bindegewebe verwendet.

Edward Bach: Für jene, die sich nicht dagegen wehren können, dass ihnen Gedanken, Vorstellungen und Argumente in den Sinn kommen, die ihnen unerwünscht sind. Das geschieht gewöhnlich in jenen Augenblicken, wenn das momentane Interesse nicht stark genug ist, um ihre Aufmerksamkeit ganz zu fesseln. Bedrückende Gedanken drängen sich immer wieder vor, und wenn sie einige Zeit verbannt waren, kehren sie hartnäckig zurück. Sie scheinen sich ständig im Kreise zu drehen und verursachen viel seelische Qual. Wenn diese unerwünschten, unangenehmen Gedanken da sind, nehmen sie einem den Frieden und machen es unmöglich, nur an die Arbeit, die Freude oder das Vergnügen des Tages zu denken.

Mustard

Sinapis arvensis - Kreuzblütler

ACKERSENF

Die große Familie der Kreuzblütler ist sehr formenreich. Allein in den Kohlpflanzen variiert sie enorm. Kreuzblütler sind aber nicht nur Gemüsepflanzen, sondern sie umfassen auch eine Anzahl an Gewürz- bzw. Heilkräutern. Die Grenzen sind dabei fließend. So verwendet man Kohl sowohl als Gemüse, als auch für Wickel, und Senf als Gewürz, aber auch für Pflaster usw. Meerrettich, Rettich, Brunnenkresse, alle sind sie sowohl Gewürz- als auch Nahrungs- und Heilmittel.

Sosehr diese Pflanzen aber in Form und Größe unterschiedlich sind, sosehr ist ihnen etwas eigen, was man als „Schwefelprozess" bezeichnen kann. In der Phytotherapie zeichnet gerade dieser Gehalt für die Heilwirkung verantwortlich. Der Schwefel ist für die ätherischen Senföle wichtig, die durchwärmend, anregend, ja sogar verjüngend wirken.

„Sulfur" gilt als Lichtträger, und vielleicht sah Dr. Edward Bach diesen Zusammenhang, als er die Zubereitung aus der Senfblüte für jene empfahl, „die zuweilen schwermütig oder gar verzweifelt sind, als ob eine kalte, dunkle Wolke sie überschatte und Licht und Lebensfreude vor ihnen verberge."

Wenn die Pflanze auf Schutthaufen, im Brachland und auf Kiesbänken ihre leuchtend gelben Blüten entfaltet, so wirkt sie jedenfalls sehr licht und vital.

Edward Bach: Für jene, die zuweilen schwermütig oder gar verzweifelt sind, als ob eine kalte, dunkle Wolke sie überschatte und Licht und Lebensfreude vor ihnen verberge. Vielleicht ist es gar nicht möglich, solche Phasen zu begründen oder zu erklären. Unter diesen Umständen ist es fast ausgeschlossen, glücklich oder fröhlich zu sein.

Chestnut Bud

Aesculus hippocastanum - Rosskastaniengewächse

KASTANIENKNOSPE

Die Knospen der Rosskastanie sind bereits im Herbst voll ausgebildet. Wie bei den allermeisten Bäumen und Sträuchern wachsen sie unbemerkt übers Jahr heran. Erst wenn das Laub fällt, sieht man sie, und richtig auffällig werden sie im nahenden Frühjahr, wenn sie sich mit Saft füllen, prall und kräftig werden.

Bei der Rosskastanie wird das die Knospen überziehende Harz dann weich und klebrig, und meist dauert es auch nicht mehr sehr lange, bis die Knospen aufspringen und ihnen das zart gefaltete Blattwerk und die noch bleichen Blütenanlagen entschlüpfen.

Ähnlich wie ein Schmetterling die Puppe verlässt, erscheinen die Blätter und Blüten. Sie waren vollständig in ihrer Hülle enthalten, und doch noch nicht sichtbar, noch nicht wirklich „geboren". Vielleicht lässt sich eine Knospe auch mit einem Samenkorn vergleichen, aus dem sich eine kleine Pflanze auf einem Ast sitzend, ausbildet.

Dabei werden die Blattwedel der Kastanie sehr schnell recht groß und bilden den für diesen Baum so typischen, dichten Schatten. Die Rosskastanie war vor den Eiszeiten bei uns heimisch, wurde dann aber erst vom Menschen wieder eingeführt, so dass sie auch heute noch mehr Kultur- als Wildbaum ist.

Edward Bach: Für jene, die aus ihren Erfahrungen und Beobachtungen nicht genügend zu lernen scheinen und länger als andere brauchen, um die Lektionen des täglichen Lebens zu begreifen. Während bei manchen Menschen eine einzige Erfahrung genügt, ist es für diese notwendig, mehrere zu erleben, bis sie die notwendige Lektion gelernt haben. So sehen sie sich zu ihrem eigenen Bedauern gezwungen, bei verschiedenen Gelegenheiten den gleichen Fehler zu wiederholen, während einmal genügt hätte oder die Beobachtung anderer ihnen diesen Fehler hätte ersparen können.

Water Violet

Hottonia palustris - Primelgewächse

SUMPF-WASSERFEDER

Die Sumpfwasserfeder findet man bei uns so selten, dass man entzückt und erstaunt sein wird, wenn man im Frühsommer die herrlichen Blütenstände aus dem klaren Wasser eines Teiches ragen sieht. Man wird sie als ganz besondere Kostbarkeit der Pflanzenwelt wohl kaum mehr vergessen und jedes Jahr geradezu Sehnsucht verspüren, ihren Standort wieder aufzusuchen, sie zu betrachten und sie sehr lieben Freunden zu zeigen.

In ihrer Erscheinung offenbart die Sumpfwasserfeder eine gewisse Unnahbarkeit, dies schon dadurch, dass sie im Wasser wächst. Ihre Blätter sind untergetaucht und sehr fein gefiedert, wie das bei Wasserpflanzen häufiger der Fall ist. Die Blüten ragen jedoch in zwei bis fünf „Etagen" aus dem Wasser empor. Sie wirken – es lässt sich nicht anders beschreiben – zauberhaft und anmutig.

Dr. Edward Bach charakterisierte die Heilanwendung dieser nicht wie die Schlüsselblume im feuchten Boden, sondern unmittelbar im Wasser wachsenden Primelart für Menschen, die sehr edel sind, dadurch aber in Gefahr geraten, etwas eigenwillig und stolz zu werden:

„Water Violet ist Trauer jener Art, die nur große Seelen kennen, die mutig und tapfer und ohne zu klagen ihren Kummer tragen, ohne andere damit zu belasten oder sich selbst in ihrem Lebenswerk von ihm ablenken zu lassen."

Edward Bach: Für jene, die in Gesundheit oder Krankheit lieber allein sind. Sehr stille Menschen, die sich lautlos bewegen, wenig und in sanftem Ton sprechen. Sie sind sehr unabhängig, fähig und selbstsicher, fast ganz unbeeinflusst von den Meinungen anderer. Sie sind zurückhaltend, lassen andere in Ruhe und gehen ihre eigenen Wege. Oft sind sie schlau und talentiert. Ihre Ruhe und ihr innerer Frieden ist ein Segen für ihre Umwelt.

Impatiens

Impatiens glandulifera - Balsaminengewächse

DRÜSIGES SPRINGKRAUT

Das Drüsige oder Himalaya-Springkraut ist, wie der Name schon sagt, ein Zuwanderer „vom Dach der Welt". Dabei ist es weitaus fruchtbarer als die einheimischen Balsaminengewächse, als das kleine „Rühr mich nicht an", das mit schönen, gelben Blüten in feuchten Wäldern wächst.

Aber auch die Blüten des „Impatiens" sind aus der Nähe besehen sehr schön, fast muten sie wie Orchideen an. Die Pflanze selbst ist unheimlich wüchsig, sie schießt nach der Sonnenwende mit unglaublicher Geschwindigkeit empor. Innerhalb weniger Tage überwächst sie alles Kraut, unter dem die Sämlinge anfangs verborgen waren. Die wächsern, wässrigen Stängel schlagen, wenn sie geknickt werden, aus jedem Knoten sofort Wurzeln, und die reifen Samen werden aus den explodierenden Schoten weit geschleudert.

Innerhalb weniger Jahre erobert sich dieser Neophyt nicht nur Bachufer und Auwälder, sondern auch Lichtungen im Binnenwald. Das Wachstumsvermögen der Pflanze scheint unerschöpflich. Aber dann, über Nacht, mäht der Frost die krautigen Flächen um. Lag am Tag vorher noch der süße Duft der Blüten in der Luft, beginnt schon der schnelle Zerfall.

Dr. Edward Bach stellte das Heilmittel aus der schönen Blüte unter den Oberbegriff „Ungeduld". Es scheint, dass sich die Pflanze zur rechten Zeit bei uns eingebürgert hat.

Edward Bach: Für jene, die rasch sind im Denken und Handeln und die alles schnell und ohne Zögern tun wollen. Im Falle einer Erkrankung sind sie darauf bedacht, rasch wieder zu genesen. Es fällt ihnen sehr schwer, mit langsamen Menschen Geduld zu zeigen, da sie es für falsch und eine Zeitverschwendung halten, und sie setzen alles daran, um solche Menschen in ihrem Tun zu beschleunigen. Oft ziehen sie es vor, allein zu arbeiten und zu denken, sodass sie alles in ihrem eigenen, gewohnten Tempo erledigen können.

Heather

Calluna vulgaris - Erikagewächse

HEIDEKRAUT

Das Heidekraut ist ein kleiner Zwergstrauch, dessen Ästchen verholzen und zu knorrigen Gestaltungen heranwachsen.

Die Heide bildet oft große Bestände, da dort, wo sie vorkommt, kaum etwas anderes gedeiht. Sie durchwurzelt den kalkarmen Boden sandiger oder mooriger Gegenden intensiv und bedeckt ihn dicht. Die Heide trägt dabei den gleichen Namen wie die Landschaft, in der sie wächst. Sie ist mit den kargen, öden und nährstoffarmen Landstrichen, den Heiden und Mooren eng verbunden.

Stille, Weite, Licht sowie Nebel und Einsamkeit kennzeichnen diese weiten Fluren, die nur spärlichen Bewuchs dulden, kaum eine beständige Besiedelung erlauben und von Schäfern und Imkern sehr extensiv genutzt wurden und werden.

Den „Heiden" diente diese Landschaft als Zuflucht, als sie mit der Christianisierung zur Minorität wurden.

Diese Landschaft nun überzieht die Heide, wenn sie im Spätsommer und Herbst blüht, mit einem Hauch von Purpur. Dabei sind die einzelnen Blütenglöckchen sehr winzig und eigentlich unauffällig.

Edward Bach: Für jene, die ständig Gesellschaft brauchen und suchen, weil sie es für notwendig halten, ihre eigenen Angelegenheiten mit anderen zu besprechen, ganz gleich, mit wem es auch sei. Sie sind sehr unglücklich, wenn sie einmal längere oder kürzere Zeit allein sein müssen.

Agrimony

Agrimonia eupatoria - Rosengewächse

ODERMENNIG

Der Odermennig sieht – oberflächlich betrachtet – wie eine kleine Königskerze aus. Allerdings deutet bereits der Blick auf die Blätter die Verwandtschaft zu den Rosengewächsen an. Diese sind gefiedert und mit ihrer typischen, nach oben hin lockerer werdenden Aufteilung durchaus der Betrachtung wert. Man findet die Pflanze meist auf nährstoffarmen Böden, an Weg- und Ackerrändern. Ihre gelben Blüten öffnen sich im Hochsommer. Sie blühen am aufrechten Stängel über Wochen hinweg von unten nach oben auf.

Die daraus entstehenden Samen gleichen kleinen Glöckchen, die von einem hackigen Klettschopf geziert sind. So kennt neben dem Kräuterfreund auch der Hundebesitzer den Odermennig, denn diese Früchte kleben sich gerne ins Fell der Tiere. Sie heften sich aber auch an die Beinkleider des durch Wiesen- und Waldränder streifenden Spaziergängers. Diese Anhänglichkeit legte man der Pflanze früher als Sympathie für den Menschen aus.

Der Odermennig wurde seit der Antike als dem Jupiter zugeordnetes Heilmittel sehr geschätzt. Er wurde sowohl zur Wundheilung, als auch bei lebertypischen Erkrankungen und Verstimmungen verwendet. Er enthält Bitter- und Gerbstoffe.

Edward Bach: Für die jovialen, fröhlichen und humorvollen Menschen, die den Frieden lieben und unter Meinungsverschiedenheiten und Streitigkeiten leiden; sie sind bereit, viel aufzugeben, um solche Unannehmlichkeiten zu vermeiden. Obwohl sie im Allgemeinen Schwierigkeiten haben und innerlich wie äußerlich besorgt und rastlos sind, verbergen sie ihren Kummer hinter einer Maske von Humor und Witz und sind als Freunde und Gesellschafter sehr geschätzt. Häufig greifen sie zu reichlich Alkohol oder Drogen, um sich in Stimmung zu bringen und die Leichtigkeit zu gewinnen, mit der sie ihre Bürde zu ertragen gedenken.

Centaury

Centaurium umbellatum - Enziangewächse

TAUSENDGÜLDENKRAUT

Der Name Tausendgüldenkraut wird aus der Übersetzung des Gattungsnamens erklärt. Ursprünglich bedeutete aber das Centaurium gar nicht das centum und das aurum, also „hundert-Gold" sondern geht auf den Zentauren Chiron der griechischen Sage zurück. Dieser Pferdemensch brachte viele Einsichten in die Heilkunst. Wie der Name nun auch zustande kam, er beschreibt jedenfalls immer eine hohe Wertschätzung in arzneilicher Hinsicht. Das Centaurium wurde nach Überlieferungen bereits im Altertum von den Hippokratikern bei Brustkrankheiten verwendet. In der heutigen Pflanzenheilkunde dient das Kraut als Bitterdroge für die Teebereitung und ist auch Bestandteil der „Tinctura amara". Es wird bei Magen-, Darm-, Leber- und Gallenbeschwerden angewandt.

Man findet diese zu den Enziangewächsen gehörende Blume nicht mehr oft, denn sie ist auf sonnige Standorte mit wenig Konkurrenz durch andere Pflanzen angewiesen. Im ersten Jahr entwickelt sich aus dem staubfeinen Samen eine grundständige Rosette und erst im Sommer des zweiten Jahres strebt der Blütenstängel mit seinen zarten, fünfstrahligen Kelchen und den gelben Staubbeuteln auf.

Zierlich, krautig und sensibel erscheint die Pflanze, die man eigenartigerweise trotz ihrer Schönheit leicht übersieht, wenn man den Blick für sie nicht geschärft hat. Kennt und schätzt man sie aber, so leuchtet sie einem aus dem spärlichen Bewuchs ihres Standortes schon von Weitem entgegen.

Edward Bach: Für jene freundlichen, ruhigen, sanften Menschen, die überängstlich darauf bedacht sind, anderen zu dienen. Bei all ihren Anstrengungen überschätzen sie ihre Kraft. Sie identifizieren sich so mit ihrem beflissenen Streben, dass sie mehr zu Sklaven als zu willigen Helfern werden. Ihre gute Art verleitet sie, mehr zu tun, als ihre Aufgabe wäre, und dabei könnte ihr eigenes Lebensziel vernachlässigt werden.

Walnut

Juglans regia - Walnussgewächse

WALNUSS

Die „Welsche Nuss" ist ein Baum, der für Spätfröste empfindlich ist. Obwohl sie ihr Laub relativ spät treibt, bedarf sie daher geschützter Lagen. Da ihre allseits bekannte Frucht, die tiefgefurchte, öl- und eiweißreiche Walnuss, sehr geschätzt wird, begleitet die Walnuss den Menschen in zahlreichen Zuchtformen.

Auf guten Böden wächst dieser Baum sehr schnell und bildet eine ausladende Krone, dennoch dauert es, bis er ergiebig fruchtet. Die Walnuss reift mit dem Herbst und fällt mit dem Laub zu Boden. Sie ist von einem weichen, schnell schmierig werdenden Samenmantel umhüllt, der intensiv färbt und die harte Schale der eigentlichen Nuss je nach Sorte, fester oder loser, umgibt.

Die Blätter duften übrigens beim Zerreiben sehr aromatisch, und dieser Geruch soll stechende und saugende Insekten fern halten.

Ihre Blüten sind in männliche Kätzchen und weibliche Nüsschen getrennt und erscheinen am selben Baum. Während man die rötlich gefärbten Kätzchen, deren Pollen der Wind verstäubt, leicht wahrnimmt, sitzen die weiblichen Blüten sehr verborgen im sich gerade entfaltenden Laub. Sie sehen bereits aus wie kleine Nüsschen im Samenmantel, nur dass ihre Größe kaum mehr als 3 mm beträgt und zwei Stempelchen daraus hervorragen.

Edward Bach: Für jene, die bestimmte Ideale und feste Zielsetzungen im Leben haben und diese verfolgen, bei seltenen Gelegenheiten jedoch versucht sind, sich von ihren eigenen Vorstellungen, Zielen und Arbeiten ablenken zu lassen durch die Begeisterung, die Überzeugungen oder Ansichten anderer. Dieses Heilmittel gibt ihnen Standfestigkeit und schützt sie vor Beeinflussung von außen.

Holly

Ilex aquifolium - Stechpalmengewächse

STECHPALME

Als Arznei für diejenigen, die an Überempfindlichkeit leiden, empfahl Dr. Edward Bach die Blütenessenz der Stechpalme. So hat diese Pflanze unter dem englischen Namen „Holly" einen neuen Platz in der Heilkunde eingenommen, nachdem ihre traditionelle Anwendung immer mehr in Vergessenheit geriet. Kaum jemand kocht noch Tee aus den Blättern, der bei fiebrigen Erkältungen, bei Gicht oder Rheuma als probates Mittel zur Linderung der Beschwerden und als schweiß- und harntreibend, galt.

Die Stechpalme ist ein immergrüner Strauch oder Baum, der eine sehr dichte, kegelförmige Krone ausbildet. Die Blätter alter Bäume sind dabei glattrandig, während sie an jungen Pflanzen oder Ästen mit nadelfeinen Spitzen besetzt sind. Die Stechpalme schätzt den „Unterstand" und kann daher im Schatten eines Hochwaldes einen Bestand bilden, der durch Wurzelausläufer sehr dicht werden kann. Sie erträgt Trockenheit besser als Sonne und ist „zweihäusig", das heißt es gibt Pflanzen mit männlichen und weiblichen Blüten.

Ihre Zweige mit den roten Beeren schmücken zur Weihnachtszeit übrigens häufig unsere Wohnung. Sie sind auch bei Vögeln als Winternahrung sehr beliebt und die dichte Vegetation des Ilex schätzen Vögeln auch als Ruheraum.

Heinz Grill umschrieb den imaginativen Eindruck der Stechpalme mit dem Begriff der „Verhaftungslosigkeit".

Edward Bach: Für jene, die manchmal von Gedanken wie Eifersucht, Neid, Rachsucht oder Argwohn befallen werden. Für die verschiedenen Formen von ärgerlicher Unruhe. Diese Menschen leiden häufig sehr stark, obwohl es oft für ihr Unglücklichsein keinen echten Grund gibt.

Larch

Larix decidua - Föhrengewächse

LÄRCHE

Die Lärche ist unter den heimischen Nadelbäumen eine Besonderheit, denn sie ist nicht immergrün wie Tanne, Fichte oder Kiefer. Die Lärche „schwingt" wie ein Laubbaum im Rhythmus der Jahreszeiten mit und besitzt auch daher eine lichtere, grazilere Anmutung als andere Koniferen.

Die Lärche wirkt sowohl bewegt und schlank, als auch knorrig und stabil. Gerade an ihren natürlichen Standorten im Gebirge, dort Waldgrenze und Kampfzone bestimmend, wirkt sie sehr markant, sie bildet von Sturm und Blitzschlag gezeichnete „Individuen" aus oder steht in kleinen, lichten Grüppchen.

Lichte Lärchenbestände wurden auch zur Waldweide gerne benutzt, sie lassen dem Gras als Unterwuchs Raum und bieten dem Vieh Einstand und Schutz.

Gleich, ob auf ihren kahlen, elastischen Ästen der Reif glitzert, ob sie im Frühling frisch austreibt, ob im Sommer der Gewittersturm durch ihre Äste fegt oder ob sie im Herbst ocker-golden schimmert, immer scheint die Lärche den Umständen und dem Licht besonders hingegeben. Die Blüten der Lärche sehen den weichen, schuppigen Zapfen bereits sehr ähnlich, sie erscheinen mit dem Nadelaustrieb und fallen durch ihre Farbe auf.

Lärchenholz ist zäh und fest, aber gut spaltbar. Es bildet bei Bewitterung einen silbergrauen Belag und ist sehr dauerhaft, es war daher für Dachschindeln sehr geschätzt.

Edward Bach: Für jene, die sich selbst nicht für so gut oder fähig halten wie die Menschen ihrer Umgebung. Sie rechnen damit, zu scheitern, haben das Gefühl, nie Erfolg zu erleben, und so wagen sie nicht einmal eine Anstrengung, die groß genug wäre, ihnen Erfolg zu bringen.

Pine

Pinus sylvestris - Föhrengewächse

KIEFER / FÖHRE

Die Kiefer gedeiht vorzugsweise auf „schlechten" Böden. Ob diese im Moor nun nass und nährstoffarm oder an Küsten sandig und karg sind, spielt keine so große Rolle, sie erträgt diese Extreme. Gerade dort, wo anspruchsvollere Bäume nicht wachsen können, bildet die Kiefer natürliche Wälder. Aber auch als Solitär kann sie auf Felsen und Klippen stehen und eine breite Krone mit markanten Ästen ausbilden.

Die Kiefer wird als Bau- und Möbelholz geschätzt. Ihr Holz ist in der deutlich anderen Färbung von Splint- und Kernholz leicht kenntlich. Während der Splint hell ist, wird der Kern mit der Zeit immer dunkler. Dieser harzreiche Kern diente früher als Kienspan der Beleuchtung.

Die Kiefer hat lange, immer paarig stehende Nadeln und die oberen Stammregionen und Äste weisen eine rötliche Färbung auf. Die männlichen Blüten geben eine Unmenge Pollen in den Wind, sodass es in manchen Gegenden zur Zeit der Kiefernblüte gelb regnet. Die weiblichen Blüten sind kleine Zäpfchen, die über zwei oder drei Vegetationsperioden verholzen und dann den reifen Samen mit seinen kleinen Flügeln entlassen.

Die Kiefer, die besonders im hohen Norden, also in eher kaltem Klima wächst, speichert in ihrem Holz und den Nadeln mit dem Harz viel Wärme und Licht. Dieses Harz wurde oftmals arzneilich verwendet.

Edward Bach: Für jene, die sich selbst Vorwürfe machen. Selbst wenn sie erfolgreich sind, denken sie, sie hätten es noch besser machen können, und sind nie zufrieden mit ihren Bemühungen oder deren Resultaten. Sie arbeiten schwer und leiden sehr unter den Fehlern, die sie sich selbst einreden. Manchmal, wenn es einen Fehler gibt, den andere verschuldet haben, nehmen sie diesen sogar auf sich und fühlen sich verantwortlich.

Elm

Ulmus campestris - Ulmengewächse

ULME

Die Ulme gibt es in mehreren Arten, die aber alle keine eigenen Waldbestände bilden, sondern meist nur eingesprengt im Wald oder am Waldrand stehen. Im Freistand werden sie mächtige Bäume mit einem dicken Stamm und einer breiten Krone. Die Ulme hat ein sehr schönes Holz, das vom Schreiner als „Rüster" bezeichnet wird. Leider wird dieser Baum bei uns aber immer seltener, da eine seit Jahrzehnten grassierende Pilzkrankheit viele Ulmen zum Absterben bringt.

Die von Edward Bach verwendete Feldulme ist ein Baum oder Strauch, der sowohl an den Boden, als auch an das Klima recht hohe Ansprüche stellt und in Mitteleuropa eben entweder als „Feldbaum" oder entlang warmer Flusstäler vorkommt.

Die Ulme blüht sehr zeitig, weit vor allen anderen Bäumen. Dabei sind ihre Blüten aber sehr unscheinbar, sie verzichten sowohl auf Blütenblätter, als auch auf den Besuch von Insekten. Der noch kalte Wind im Februar, März trägt die Pollen zu den Stempeln, und noch bevor das Laub austreibt, sind die Samen schon reif.

So bemerkt man die Ulme am ehesten im zeitigen Frühjahr, wenn ihre spiegeleiförmigen Samen mit zartem Grün die Äste umkränzen. Bevor andere Bäume noch grünen und blühen, verweht der Wind schon die Flugsamen der Ulme. Sie lässt sich jedoch leichter durch Absenker und Wurzelbrut vermehren als aus den Samen.

Edward Bach: Für jene, die gute Arbeit leisten, der Berufung ihres Lebens folgen und hoffen, etwas Wichtiges zu vollbringen, das möglichst zum Wohle der Menschheit sei. Es gibt Zeiten, wenn sie niedergeschlagen sind und das Gefühl haben, die Aufgabe, die sie sich aufbürdeten, sei zu schwer und ihre Erfüllung übersteige die menschliche Kraft.

Sweet Chestnut

Castanea sativa - Buchengewächse

EDELKASTANIE

In der Edelkastanie, die in manchen Gegenden und zu manchen Zeiten das Brot des einfachen Mannes war und an den Höfen für zahlreiche Leckereien verwendet wurde, sah Dr. Edward Bach ein Heilmittel für jene, die mutlos und verzweifelt sind. Denen, die glauben absolut am Ende ihrer Kräfte zu sein, soll die Essenz von „Sweet Chestnut" wieder Kraft und Zuversicht spenden.

Wenn wir die Pflanze betrachten, so tritt sie uns als ein kräftiger Baum entgegen, der das Weinbauklima bevorzugt und eine auffällige Regenerationsfähigkeit aufweist. Sogar aus alten Stümpfen erwachsen noch „schlafende Augen", und in der sogenannten „Niederwaldwirtschaft" nutzt man diese Zähigkeit und Wuchsfreude der Edelkastanie.

Sie wird immer wieder „auf Stock gesetzt", das heißt, die nachgewachsenen, nun zahlreichen Äste und Stämme werden „geerntet" und der Baum treibt dann neuerdings aus.

Seine Frucht, die Maroni, kennt man bei uns vor allem aus der Adventszeit, wenn die Kastanien kreuzweise eingeschnitten auf der Glut geröstet werden, und dann heiß und mehlig, süß und sättigend auf den Advent einstimmen.

Edward Bach: Für jene Phasen, die manche Menschen zuweilen erleben, in denen die Seelenqual so groß ist, dass sie unerträglich erscheint. Wenn man meint, seelisch oder körperlich bis zum Äußersten seiner Belastbarkeit geführt worden zu sein und jetzt zusammenbrechen zu müssen. Wenn es den Anschein hat, als ob man nichts anderes mehr als Zerstörung und Auslöschung zu erwarten hat.

Star of Bethlehem

Ornithogalum umbellatum - Liliengewächse

DOLDIGER MILCHSTERN

Als milchweiße Sterne leuchten die Blüten des Milchsterns bei Sonnenschein aus dem Gras. Und wer sie entdeckt, kann sich der Faszination, die von ihnen ausgeht, kaum entziehen. Fast automatisch beugt man sich nieder, um sie zu betrachten, und ehe man sich versieht, kniet man vor ihnen und spürt ein zartes Gefühl von Freude und Andacht.

Mit einer unnachahmlichen Geste öffnet sich dieser Kelch dem Licht, und er wirkt damit wie ein Bindeglied zwischen Himmel und Erde. Allein der Anblick dieser Pflanze lässt die irdischen Nöte vergessen, so stark ist der Eindruck dieser Blüte, bei der man sich fast sorgt, sie könnte vergehen, schmelzen wie ein Schneekristall in der Wärme der Hand.

Als Liliengewächs öffnet sich die Blüte sechsstrahlig – in einer hexagonalen Geometrie wie Schnee, wie Bergkristall oder die Bienenwabe. Und die Blütenblätter bilden gleichzeitig die „Knospe" und „Hülle". Wenn sie am Morgen oder bei trübem Wetter geschlossen sind, so verschwindet ihre grüne Rückseite in der umgebenden Vegetation, so dass die Blume kaum mehr sichtbar ist. Erst das Licht der Sonne erweckt die Form und Sichtbarkeit.

Weil die Blüten an den Stielen der Pflanze eine Dolde bilden, ist diese typische Eigenschaft in den Artnamen eingeflossen. Die meisten anderen Milchsterne bilden eine „Kerze" aus „bescheideneren" Blüten.

In jener Blume, die einst aus den Gärten verwilderte, entdeckte Dr. Edward Bach ein Heilmittel für Menschen, die seelisch leiden, oder die ein physisches Leiden aufgrund einer psychischen Situation mit sich tragen.

Edward Bach: Für jene, die in großer Bedrängnis oder in Umständen sind, die sie sehr unglücklich machen. Sie leiden unter dem Schock einer schlimmen Nachricht, dem Verlust eines lieben Menschen, dem Schreck nach einem Unfall und ähnlichen Zuständen. Für jene, die sich eine Zeitlang gar nicht trösten lassen wollen, bringt dieses Heilmittel Erleichterung.

Willow

Salix vitellina - Weidengewächse

WEIDE

Die Weide, die Dr. Edward Bach für sein Heilmittel auswählte, ist bei uns nicht heimisch. Aber doch lassen sich über die Weidenfamilie einige Aussagen treffen, die auch auf die Dotterweide zutreffen.

Weiden sind Bäume, die feuchte Standorte bevorzugen. Sie sind ungemein wüchsig, eine in den Boden gesteckte Weidenrute schlägt in der Regel ohne Probleme Wurzeln und wächst zügig zu einem neuen Strauch oder Baum empor.

Die „Weidenkätzchen", die man zu Ostern gerne ins Haus holt, sind die männlichen Blüten einiger Weidenarten. Die weiblichen Blüten sind meist unscheinbarer und aus ihnen entwickeln sich zahlreiche, in weiche, leichte Watte gehüllte Samen, die der Frühsommerwind oft wie ein lichtes Gewölk durch den Auwald bläst.

Weiden besitzen ein sehr weiches, sehr leicht vermorschendes Holz. Bei den Weiden sieht man oft hohle Strünke, die dennoch wachsen und austreiben, als wären sie noch jung und rüstig. Solange die Wachstumsschicht, das Kambium, das zwischen Holz und Rinde liegt, nicht verletzt ist, wächst eine Weide.

Die Weide ist also kein stabiler Baum wie die Eiche, sondern sie ist zäh und vital. So empfahl sie Dr. Bach als Heilmittel für einen speziellen Aspekt der Mutlosigkeit und Verzweiflung.

Edward Bach: Für jene, die ein Missgeschick oder Unglück erlitten haben und dies schwer ohne Klagen und Verbitterung annehmen können, da sie das Leben vor allem nach dem Erfolg beurteilen, den es ihnen bringt. Sie haben das Gefühl, so schwere Prüfungen nicht verdient zu haben, sie meinen, es sei ihnen Unrecht widerfahren, und werden verbittert. Oft zeigen sie weniger Interesse und sind weniger aktiv in Bezug auf jene Dinge, die ihnen früher Freude und Befriedigung gebracht haben.

Oak

Quercus robur - Buchengewächse

Eiche

Wenn die Eiche im Einzelstand steht, dann fällt ihre massive Gestalt am deutlichsten auf. Die mächtige, ausladende und knorrige Krone überragt den Stamm weit. Denn obwohl die Eiche 30 – 35 Meter hoch wird – in Einzelfällen erreicht sie fast das doppelte Maß – entspringen die ersten Äste bereits auf wenigen Metern Höhe.

Aus der Ferne betrachtet wirkt die Eiche massig, und auch aus der Nähe besehen, macht sie nicht unbedingt einen filigranen, feinen Eindruck. Vielleicht verstärkt die rissige Borke alter Bäume den eher rauen, kompakten und stabilen Habitus, der die Eiche kennzeichnet. Auch die Äste sind stark – alles an der Eiche macht einen kräftigen Eindruck. Sogar das Laub, das zwar verhältnismäßig klein ist und durch die Einbuchtungen auch nicht sehr flächig wirkt, fasst sich eher derb und hart an.

Die Früchte der Eiche, die Eicheln, sind zwar nur von einer dünnen, nicht übermäßig harten Schale umgeben, aber ihr stärkereicher Kern ist so fest, dass man eine Eichel ohne Werkzeug doch kaum öffnen kann.

Der Eichelhäher ist diesen Baum und dessen Früchten sehr verbunden. Er sammelt sie in Kehlsack und Schnabel und versteckt sie als Wintervorrat unter Wurzeln und Moos. Und da manche Eichel dort verbleibt und auskeimt, trägt dieser bunte und sehr aufmerksame Vogel zur Verjüngung des Waldes viel bei.

Edward Bach: Für jene, die sich sehr anstrengen und sich Mühe geben, um wieder gesund zu werden, und auch in ihrem täglichen Leben hart kämpfen. Sie werden weiterhin eines nach dem anderen ausprobieren, auch wenn ihr Fall hoffnungslos scheint. Sie kämpfen weiter. Sie sind nicht zufrieden mit sich selbst, wenn Krankheiten ihnen die Erfüllung ihrer Pflichten oder ihrer Hilfe für andere durchkreuzt. Sie sind tapfere Menschen, die gegen große Schwierigkeiten ankämpfen, ohne dass ihre Anstrengungen oder ihre Hoffnung dabei nachlassen.

Crab Apple

Malus sylvestris - Rosengewächse

HOLZAPFEL

Der Holzapfel gilt als Wildform des in zahlreichen Sorten gezüchteten Apfels. Da aus den Samen vieler Kulturäpfel jedoch wieder „Wildlinge" wachsen, lässt sich der Wildapfel botanisch nicht exakt eingrenzen.

Seine Frucht ist, wie der Name besagt, eher hart und trocken, zwar sehr aromatisch aber keineswegs süß. Er wächst vereinzelt an Waldrändern und auch in Mischwäldern. Seine Zweige sind häufig bedornt.

Der Apfel war schon immer ein mystischer Baum, man denke nur an den „Baum der Erkenntnis", den Apfel als Liebessymbol, den Reichsapfel, usw. Auch die Naturheilkunde schätzt den Apfel sehr, und Dr. Edward Bach sah in der Essenz der Holzapfelblüten ein ausgezeichnetes Mittel zur Reinigung. Er empfahl sie sowohl zur Wundreinigung, als auch für Menschen, die glauben etwas Unreines an sich zu haben.

Heinz Grill beschrieb die Wirkung des Apfels und des Apfelbaumes damit, dass er die Sehnsucht nach dem Geistigen fördert. So bekommt auch der Satz Luthers, vom Pflanzen eines Apfelbäumchens, wenn er morgen sterben müsste, einen tieferen Sinn.

Und selbst bemerkt man vielleicht eine tiefere Seite in sich, wenn man zur Zeit der Obstblüte über die Landschaft blickt.

Edward Bach: Dies ist ein Heilmittel zur Reinigung. Es ist für jene, die das Gefühl haben, etwas nicht ganz Reines an sich zu haben. Oft ist dies etwas offensichtlich Unbedeutendes. Andere mögen eine weitaus ernstere Krankheit haben. Diese bleibt fast unbeachtet im Vergleich mit der einen Kleinigkeit, auf die sie ihre Aufmerksamkeit konzentrieren. In beiden Fällen sind sie jedoch ängstlich darauf bedacht, frei zu sein von jener einen bestimmten Angelegenheit, die ihr ganzes Denken mit Beschlag belegt und ihnen so wesentlich erscheint, dass sie davon geheilt werden wollen. Sie werden verzagt, wenn die Behandlung fehlschlägt. Als reinigendes Heilmittel kann diese Medizin auch Wunden säubern, wenn der Patient Grund zu der Annahme hat, dass Giftstoffe eingedrungen sind, die entfernt werden müssen.

Chicory

Cichorium intybus - Korbblütler

WEGWARTE

Vor der Sommersonnenwende fast unsichtbar, ab Juli aber mit ihren herrlichen, blauen Blüten recht auffällig, ist die Wegwarte der Inbegriff für die sommerliche Zier an Feldwegen. Die Blüten der Wegwarte entfalten sich am Morgen mit meist intensiver Farbe und sie bleichen an warmen Tag schon bis zur Mittagszeit aus und „verschwinden" dann. So kann es sein, dass wir am Vormittag einen Weg entlang gehen, der voller Blumenschmuck erscheint und wir am Nachmittag die sonst so unscheinbare Pflanze gar nicht mehr wahrnehmen.

Der Aufguss ihrer Blätter wird in der Pflanzenheilkunde für die Behandlung von Magen-, Darm- und Leberleiden geschätzt. In der Homöopathie gilt für Cichorium ein ähnliches Anwendungsgebiet: bei Leber-, Milz- und Magenbeschwerden. In der anthroposophischen Medizin berücksichtigt man vor allem den intensiven Kieselsäureprozess der Pflanze. In der speziellen arzneilichen Zubereitung der Wegwarte werden die Blutgefäße der Schleimhäute, der Augennetzhaut und der Knochenhaut tonisiert und damit die Ernährung dieser Organe gefördert. Aus den gerösteten Pfahlwurzeln bereitete man den „Kaffeschwärzer" Zichorienkaffee und eine züchterische Abart bietet den gleichnamigen Salat, der sich ebenfalls mit diesen himmelblauen Blüten schmückt, wenn man ihn auswachsen lässt.

Heinz Grill setzte die Wegwarte zur Yogaübung des „Sorglosen Gesichts" in Beziehung: „Die Kraft im Nervensystem, die zu jener Stärke des Gleichmutes führt, die über die Dualitäten und Bedrängnisse des Lebens eine weite Sicht und Klarheit bewahrt."

Edward Bach: Für jene, die sich sehr um das Wohl und die Bedürfnisse anderer Menschen bekümmern und dazu neigen, sich zu sehr um Kinder, Angehörige, Freunde etc. zu sorgen, bei denen sie immer etwas finden, das sie in Ordnung zu bringen hätten. Sie sind ständig dabei, besser zu machen, was sie meinen korrigieren zu müssen, und fühlen sich dabei wohl. Sie haben den inneren Wunsch, dass jene, um die sie sich kümmern, in ihrer Nähe sind.

Vervain

Verbena officinalis - Eisenkrautgewächse

EISENKRAUT

Das Eisenkraut ist eine an sich unscheinbare Pflanze, die sich durch einen besonders sparrigen Wuchs und sehr kleine Blüten auszeichnet. Es ist der einzige, natürlich bei uns vorkommende Vertreter seiner Familie. Und es war immer schon hoch geschätzt, wie das der Zusatz „officinalis" betont. Officien ist der alte Ausdruck für Apotheken, und die Pflanzen, die diesen Beinamen tragen, waren sozusagen „amtliche" Heilpflanzen.

Allein schon wenn man den Wuchs dieses auf magerem Boden wachsenden Pflänzchens, das auf Kieswegen kaum fingergroß wird und an günstigen Standorten doch fast einen Meter hoch werden kann, betrachtet, wundert man sich nicht, dass es sehr bitter ist. Es wirkt richtig zusammengezogen, so wie bitterer Geschmack zusammenziehend wirkt.

Die Menschen, denen Vervain helfen kann, beschreibt Dr. Edward Bach unter anderem mit den Worten: „In allen Dingen neigen sie dazu, zu ernst und angespannt zu sein. Das Leben ist für sie eine sehr anstrengende Angelegenheit. Sie haben ihre eigenen, sehr festen Ansichten und manchmal den Wunsch, andere zu ihrem Standpunkt zu überreden; dann sind sie den Meinungen anderer gegenüber intolerant. Sie lassen sich nicht gerne einen Rat geben. Häufig sind sie Menschen mit hohen Idealen und Zielsetzungen zum Wohle der Mitmenschen."

Edward Bach: Für jene mit festen Prinzipien und fixen Vorstellungen, die sie für richtig halten und nur sehr selten ändern. Sie haben das starke Verlangen, alle zu ihren eigenen Ansichten über das Leben zu bekehren. Sie sind willensstark und zeigen viel Mut, wenn sie überzeugt sind von den Dingen, die sie anderen lehren möchten. Sind sie krank, halten sie sich noch lange auf den Beinen und bleiben an ihrer Arbeit, wenn andere ihre Pflichten schon längst aufgegeben hätten.

Vine

Vitis vinifera - Weinrebengewächse

WEINREBE

Sie wird sehr alt und wurzelt extrem tief. Obwohl sie verholzt, trägt sie sich doch nicht selbst, sondern benötigt ein Spalier oder eine Kletterhilfe, das der Winzer errichtet.

Die jungen Reben tasten sich im Frühsommer windend empor und verankern sich mittels ihrer Ranken, die sich zuerst weich und zart um geeignete Stützen legen, sich dann aber spiralig zusammenziehen, um schließlich fest und zäh zu werden.

Im frischen Laub entfaltet der Wein dann seine Blüten, die äußerst unscheinbar sind. Die Hüllblätter fallen ab, wenn sich die Staubgefäße entfalten, und so besteht die Blüte bloß aus dem Stempel mit dem oberständigen Fruchtknoten und den Staubgefäßen.

Sobald die Blüte am aufrechten Blütenstand befruchtet ist, beginnt die Beere zu wachsen. Durch das zunehmende Gewicht neigt sich die Traube zur Erde. Die Trauben sind voller süßem und zuckerreichen Saft, und sie enthalten Kerne, die allerdings kaum fruchtbar sind. Die Rebe wird daher üblicherweise durch Stecklinge vermehrt.

Dr. Edward Bach sah in der „Vine"-Essenz ein Heilmittel für jene, die wissen, was für sie gut ist, aber auch anderen diese Sichtweise aufdrängen wollen.

Edward Bach: Sehr fähige Menschen, die sich ihrer Fähigkeiten gewiss sind und ihren Erfolg zuversichtlich erwarten. Bei all ihrer Sicherheit denken sie, dass es auch für andere gut wäre, wenn sie sich überreden ließen, so zu handeln wie sie selbst oder wie sie meinen, dass es richtig sei. Selbst im Krankheitsfall werden sie denen, die ihnen helfen und sie pflegen, Anweisungen erteilen und sich besserwisserisch zeigen. In Notsituationen sind sie zu außerordentlichen Leistungen in der Lage.

Beech

Fagus sylvatica - Buchengewächse

BUCHE

Die Buche ist im Einzelstand ein mächtiger Baum, der sich bis weit nach unten beastet. Im Verbund eines Waldes strecken sich die Kronen allerdings und bilden dann ein weites Gewölbe. Ein Buchenwald erweckt dadurch fast den Eindruck einer gotischen Kathedrale. Im Frühling durchflutet ihn ein unbeschreiblich weiches Licht, und im Sommer, wenn die Hitze über den Feldern brütet, ist der lichte Schatten dort kühl.

Die Blüten der Buche, aus denen Dr. Edward Bach durch die „Kochmethode" ein Heilmittel herstellte, um Überbesorgte zu mehr Toleranz zu führen, erscheinen gleichzeitig mit den Blättern. Sie sind äußerst unscheinbar, man wird sie, wenn man sie nicht gerade sucht, kaum einmal entdecken. Bekannter sind die über den Sommer daraus reifenden Früchte, die Bucheckern. Sie sind sehr ölhaltig, und sie dienten früher sowohl der menschlichen Ernährung (auf der Herdplatte geröstet und mit Salz auf einem Butterbrot sind sie sehr delikat) als auch der Schweinemast.

Das Holz ist schwer, dicht und hart. Es wird sowohl für Schreinerarbeiten, als auch als Brennholz geschätzt. Es ist interessant, dass es bei aller Härte und Robustheit auffällig leicht fault. Armdicke Buchenäste, die ein, zwei Jahre auf dem Waldboden liegen, lassen sich ohne größere Anstrengung zerbrechen.

Edward Bach: Für jene, die das übergroße Bedürfnis haben, in allem, was sie umgibt, nur das Gute und Schöne zu sehen. Auch wenn vieles offensichtlich falsch ist, müssen sie doch die Fähigkeit entwickeln, das Gute im Inneren zu erkennen. So sollten sie darauf achten, toleranter, nachsichtiger und verständnisvoller gegenüber den verschiedenen Weisen zu sein, in denen jeder Einzelne und alles sich seiner jeweiligen Vollendung nähert.

Rock Water

Wasser aus Heilquellen

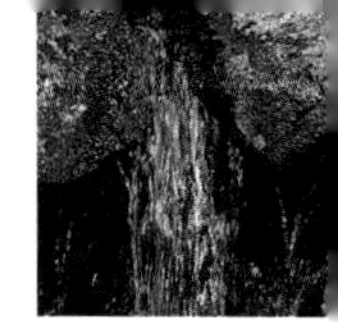

WASSER AUS HEILQUELLEN

Dem Wasser aus einer alten Heilquelle gewährte Dr. Edward Bach ebenfalls einen Platz in seiner Naturapotheke. Er versprach sich damit ein Heilmittel, das jenen Menschen, die sich in ihren Vorstellungen und Idealen zu sehr verhärten, das Leben zu sehr nach ihren ideologischen Theorien bestimmen wollen, zugute kommt.

Diese Vorstellung ist vielleicht in der klaren Definition, wie Bach sie machen konnte, nicht sogleich nachvollziehbar, aber doch ist das Wissen um die Weichheit des Wassers, das doch „den Stein höhlt", das immerzu fließt und keine feste Form einnimmt und im Kreislauf des Lebens eine zentrale Rolle einnimmt, vielleicht ein Anknüpfungspunkt.

Wasser ist auch ein sehr reinigendes Element, und in der Betrachtung eines munter sprudelnden Baches, einer klaren Quelle, bemerken wir oftmals, wie auch wir wieder freier und gelöster werden.

So sagte Bach: „Rock Water lehrt, dass man Menschen durch behutsames Beispiel helfen kann und sie zur Erkenntnis der Wahrheit führt, nicht durch die strengen Methoden des Inquisitors. Es hilft, von der Missbilligung Abstand zu nehmen und bringt das Verständnis dafür, dass jedermann seine eigenen Erfahrungen sammeln und sein eigenes Heil finden muss."

Edward Bach: Für jene, die in ihrer Lebenseinstellung sehr strikt sind. Sie versagen sich selbst viel von der Freude und den Vergnügungen des Lebens, weil sie meinen, diese ständen ihrer Arbeit im Wege. Sie sind sich selbst gestrenge Lehrmeister. Sie wünschen, gesund, kräftig und aktiv zu sein und werden alles tun, das sie ihrer Meinung nach in diesem Zustand erhält. Sie hoffen, Vorbilder zu sein, die andere anregen werden, die dann ihren Vorstellungen folgen und bessere Menschen dadurch werden.

RESCUE
DAS ERSTE-HILFE-MITTEL

Die sogenannten „Notfall-Tropfen" bestehen aus einer Kombination von fünf der 38 Blüten und können in allen Erste-Hilfe-Fällen Verwendung finden. Rescue kann sowohl bei ernsten als auch bei augenscheinlich weniger dramatischen Notsituationen eingesetzt werden: bei Unglücksfällen aller Art, bei plötzlichen Trauerfällen oder schlimmen Nachrichten, bei akuten psychischen oder körperlichen Schmerzzuständen und bei Schockerlebnissen. In einer Notsituation erlebt der darin Verwickelte eine oder mehrere überwältigende Gefühlsreaktionen. Die fünf Blüten sind so ausgewählt, dass sie der dadurch entstehenden gefühlsmäßigen Disharmonie entgegenwirken, die, wenn sie unbehandelt bleibt, eine Heilung oder Linderung hinausschiebt, wenn nicht gar verhindert.

Die fünf Blüten sind:

STAR OF BETHLEHEM für den Schockzustand,
ROCK ROSE für Angst und Panik,
IMPATIENS für geistige und körperliche Anspannung,
CHERRY PLUM für Verzweiflung,
CLEMATIS gegen das Gefühl, von dem, was geschieht, weit weg zu sein –
ein Zustand, den man oft erlebt, bevor Bewusstlosigkeit eintritt.

Zubereitung von Rescue:

Geben Sie zwei Tropfen von jeder der fünf Blütenessenzen in eine Tropfflasche (10 ml), die mit Cognac gefüllt ist. Rescue kann auch fertig als Essenz gekauft werden. In diesem Fall geben Sie zehn Tropfen davon in eine Tropfflasche voll Cognac.

METHODEN DER DOSIERUNG

Da alle diese Heilmittel rein und unschädlich sind, besteht keine Gefahr, sie zu häufig oder zu viel zu verabreichen, wenngleich nur die kleinsten Mengen als Dosis notwendig sind. Weiterhin kann keines der Heilmittel Schaden anrichten, sollte sich herausstellen, dass es nicht das für den jeweiligen Fall richtige ist. Man nehme ungefähr zwei Tropfen aus der Vorratsflasche und gebe sie in ein kleines Fläschchen, das fast ganz mit Wasser gefüllt wurde. Falls es notwendig ist, dass dieses einige Zeit halten sollte, kann man ein klein wenig Weinbrand als Konservierungsmittel hinzufügen.

Dieses Fläschchen nun verwendet man zum Einnehmen, aber nur wenige Tropfen daraus – in ein wenig Wasser, Milch oder ein anderes Getränk gegeben – sind notwendig pro Dosis, mehr nicht.

In dringenden Fällen kann man die Dosen alle paar Minuten geben, bis eine Besserung eintritt; in ernsten Fällen ungefähr halbstündlich, und bei lange bestehenden Krankheiten alle zwei bis drei Stunden oder häufiger oder weniger häufig, wie der Patient es für notwendig hält.

Bei Bewusstlosen benetze man häufig die Lippen.

Bei Schmerzen, Steifigkeit, Entzündung oder jeglichen örtlichen Beschwerden, sollte zusätzlich eine Lotion verwendet werden. Man nehme einige Tropfen aus der Einnahmeflasche in eine Schale Wasser und tränke damit ein Stück Tuch, mit dem man die betroffene Stelle bedeckt; je nach Notwendigkeit kann man das Tuch von Zeit zu Zeit neu befeuchten.

Ein Bad oder eine Abreibung mit einem Schwamm und Wasser, in das einige Tropfen der Heilmittel gegeben wurden, kann sich zuweilen als nützlich erweisen.

METHODEN DER HERSTELLUNG

DIE SONNENMETHODE

Eine Schale aus dünnem Glas wird fast gefüllt mit dem reinsten Wasser, das erhältlich ist, nach Möglichkeit aus einer nahegelegenen Quelle.

Die Blüten der Pflanze werden gepflückt und sofort auf die Wasseroberfläche gelegt, bis diese bedeckt ist. Dann wird die Schale drei bis vier Stunden im strahlenden Sonnenschein gelassen – oder kürzer, wenn die Blüten zu welken anfangen. Dann werden die Blüten vorsichtig vom Wasser abgehoben und dieses in Flaschen gegossen, die halb gefüllt werden. Dann werden die Flaschen mit Weinbrand aufgefüllt, um das Heilmittel gut zu schützen. Diese Flaschen sind nun Vorratsflaschen; ihr Inhalt ist nicht zur unmittelbaren Einnahme bestimmt.

Wenige Tropfen daraus werden in eine andere Flasche gegeben, aus der der Patient dann behandelt wird, sodass die Vorratsflaschen lange Zeit den Nachschub sichern. Die Vorratsflaschen aus der Apotheke sind in der gleichen Weise zu verwenden.

Folgende Heilmittel werden nach dieser Methode hergestellt:
Agrimony, Centaury, Cerato, Chicory, Clematis, Gentian, Gorse, Heather, Impatiens, Mimulus, Oak, Olive, Rock Rose, Rock Water, Scleranthus, Wild Oat, Vervain, Vine, Water Violet, White Chestnut-Blüte.

Rock Water: Es ist schon seit langem bekannt, dass bestimmte Quellen und Brunnen Wasser spenden, das die Kraft besitzt, Menschen zu heilen; solche Quellen sind wegen ihrer Eigenschaft bekannt. Jede Quelle, deren Wasser Heilwirkung besitzt und die sich noch in ihrem natürlichen Zustand befindet, nicht verbaut ist durch die menschlichen Gebäude, kann zur Gewinnung des Heilmittels genutzt werden.

DIE KOCHMETHODE

Die übrigen Heilmittel werden durch Kochen, wie folgt, gewonnen:
Das Material (wie im folgenden angegeben) wird eine halbe Stunde in reinem, sauberen Wasser gekocht.

Danach wird die Flüssigkeit abgeseiht, in Flaschen bis zur Hälfte gefüllt, die nach Erkalten des Inhalts mit Weinbrand aufgefüllt werden zur Konservierung.

Chestnut Bud: Für dieses Heilmittel werden die (Blatt-) Knospen vom weißblühenden Kastanienbaum gesammelt, kurz bevor sie sich öffnen und die Blätter freigeben. Bei den anderen sollen die Blüten zusammen mit kleinen Stückchen von Stamm oder Stiel und, wenn vorhanden, jungen, frischen Blättern verwendet werden.

Alle angegebenen Heilpflanzen sind wildwachsend auf den britischen Inseln zu finden, außer Vine (Weinrebe), Olive (Ölbaum) und Cerato (Bleiwurz), obwohl manche von ihnen ursprünglich aus anderen Ländern Mittel- und Südeuropas bis hin zu Nordindien und Tibet stammen.

HEILE DICH SELBST

EDWARD BACH

All jenen gewidmet, die leiden oder in Not sind

EINFÜHRUNG

Es ist nicht die Absicht dieses Buches vorzugeben, dass die Heilkunst überflüssig sei – weit davon entfernt –, es besteht jedoch die bescheidene Hoffnung, dass es denen, die leiden, ein Führer sein wird, den wahren Ursprung ihrer Krankheit in sich selbst zu suchen, sodass sie zu ihrer eigenen Heilung beitragen können. Darüber hinaus besteht die Hoffnung, dass jene, die in medizinischen Berufen und in religiösen Orden zum Wohle der Menschen wirken, angeregt werden, ihre Anstrengungen zur Linderung des menschlichen Leidens zu verdoppeln und somit das Herannahen jenes Tages zu beschleunigen, an dem der Sieg über die Krankheit vollkommen sein wird.

Der Hauptgrund für das Scheitern der modernen medizinischen Wissenschaft liegt darin, dass sie sich mit Auswirkungen, aber nicht mit Ursachen befasst. Viele Jahrhunderte lang wurde das Wesen der Krankheit vom Materialismus verdeckt und ihr hierdurch das Feld überlassen, ihr Werk der stetigen Zerstörung auszuweiten, da sie nicht an ihrer Wurzel bekämpft wurde. So befand sich die Krankheit in einer ähnlichen Situation wie ein Feind, der sich, stark bewaffnet, in den Bergen verschanzt hat, von wo aus er das umliegende Land angreift und verheert, während die betroffenen Menschen sich gar nicht um die feindliche Festung kümmern, sondern sich damit begnügen, die zerstörten Häuser wieder aufzubauen und die Toten zu begraben, die den Überfällen der Plünderer zum Opfer gefallen sind. Allgemein gesprochen stellt sich die Situation der heutigen Medizin folgendermaßen dar: Sie begnügt sich mit dem Zusammenflicken der Verletzten und dem Begraben der Erschlagenen, ohne auch nur einen Augenblick an das Bollwerk zu denken.

Krankheit wird sich mit den derzeitigen materialistischen Methoden nie heilen oder ausrotten lassen, aus dem einfachen Grunde, weil Krankheit nicht materiellen Ursprungs ist. Was wir als Krankheit kennen, ist letztlich im Körper als Endprodukt des Wirkens tiefer und anhaltender Kräfte entstanden. Selbst wenn materielle Behandlung scheinbar zum Erfolg führt, bedeutet dies nicht mehr als eine vorübergehende Linderung, solange die wirkliche Ursache nicht beseitigt ist. Der moderne Trend in der medizinischen Wissenschaft hat – wegen der Fehldeutung des wahren Wesens der Krankheit und der Konzentration auf eine materialistische Erfassung des physischen Körpers – die Macht der Krankheit gewaltig vermehrt: erstens durch Ablenkung der Gedanken der Menschen von ihrer wahren Ursache und damit von der Suche nach der wirksamen Methode ihrer Bekämpfung und zweitens durch ihre Lokalisierung im Körper und damit durch Abkehr von echter Hoffnung auf Genesung und durch Aufbau eines mächtigen Angstkomplexes vor der Krankheit, den es nie hätte geben sollen.

Krankheit ist ihrem Wesen nach das Ergebnis eines Konfliktes zwischen Seele und Gemüt, und sie wird deshalb nie anders als durch geistige und gedankliche Anstrengungen ausgemerzt werden können. Solche Bemühungen können – wenn sie mit dem rechten Verständnis unternommen werden – Krankheit heilen und verhüten, indem sie jene grundlegenden Faktoren beseitigen, die ihre eigentliche Ursache sind. Keine allein auf den Körper gerichtete Anstrengung vermag mehr, als Schaden nur oberflächlich zu reparieren; aber darin liegt keine Heilung, denn die Ursache ist immer noch wirksam und kann sich jeden Augenblick von Neuem manifestieren. In vielen Fällen ist eine scheinbare Genesung sogar schädlich, denn sie verbirgt vor dem Patienten die wahre Ursache seiner Beschwerden, und während er sich über die wiederhergestellte Gesundheit freut, kann der verursachende Faktor unbeachtet an Kraft gewinnen.

Vergleiche diese Fälle mit jenen, in denen der Patient die schädlichen geistigen oder gedanklichen Kräfte kennt oder erklärt bekommt, die am Wirken sind und die das, was wir Krankheit nennen, im materiellen Körper zum Vorschein gebracht haben. Wenn dieser Patient die Neutralisierung jener Kräfte gezielt in Angriff nimmt, bessert sich seine Gesundheit bereits nach diesem erfolgreichen Beginn; und wenn er seine Bemühungen konsequent durchführt, wird die Krankheit verschwinden. Wahre Heilung geschieht durch den Angriff auf das feindliche Bollwerk und durch Bekämpfung der Ursache des Leidens an seiner Wurzel.

Eine Ausnahme von den materialistischen Methoden der modernen Wissenschaft stellt das System der Homöopathie dar, das von Samuel Hahnemann begründet wurde. Er suchte mit seiner Erkenntnis der wohltuenden Liebe des Schöpfers und der jedem Menschen innewohnenden Göttlichkeit und durch das Studium der gedanklichen Einstellung seiner Patienten zum Leben, zur Umgebung und ihren jeweiligen Krankheiten in den Pflanzen des Feldes und dem Reich der Natur das Heilmittel zu finden, das nicht nur ihren Körper heilen, sondern auch ihre gedankliche Einstellung und Verfassung verändern könnte. Möge seine Wissenschaft von jenen echten Ärzten weiterentwickelt und vervollkommnet werden, die die Liebe zur Menschheit in ihrem Herzen tragen!

Fünfhundert Jahre vor Christus entwickelten einige Ärzte im antiken Indien unter dem Einfluss Buddhas die Heilkunst bis zu einem solchen Grad der Perfektion, dass sie die Chirurgie abschaffen konnten, obschon diese damals bereits so weit entwickelt war wie die Operationskunst unserer Tage, wenn nicht noch weiter. Menschen wie Hippokrates mit seinen hohen Heilungsidealen, Paracelsus mit seiner Gewissheit der dem Menschen innewohnenden Göttlichkeit und Hahnemann, der erkannte, dass Krankheit ihren Ursprung auf einer Ebene über der körperlichen hat – sie alle wussten viel vom wahren Wesen und Heilen des Leidens. Welch unvorstellbares Leid hätte im Laufe der vergangenen zwanzig oder fünfundzwanzig Jahrhunderte vermieden werden können, hätte man die Lehren dieser auf ihrem Gebiet wahrlich großen Meister befolgt. Aber hier wie auch in anderen Dingen hat der Materialismus die westliche Welt so stark und über so lange Zeit hinweg beeinflusst, dass seine Stimmführer den Rat jener, die die Wahrheit kannten, überhörten.

Denken wir daran: Krankheit, auch wenn sie grausam erscheint, ist im Grunde wohltätig und zu unserem Besten; und wenn wir sie recht verstehen, kann sie uns zu unseren wesentlichen Fehlern führen. Richtig behandelt, wird sie der Anlass zur Beseitigung jener Fehler und hilft uns, besser zu werden und zu wachsen. Leiden ist ein Korrektiv, es weist uns auf eine Lektion hin, die wir auf unserem Wege nicht begriffen haben, und es kann deshalb nie zum Verschwinden gebracht werden, solange die Lektion nicht gelernt ist. Bei jenen aber, die verständig genug sind, die Bedeutung der Anfangssymptome zu erkennen, kann der Krankheit vorgebeugt werden, bevor sie zum Ausbruch kommt, oder sie kann in ihren früheren Stadien zum Stillstand gebracht werden, wenn die richtigen geistigen und gedanklichen Anstrengungen unternommen werden. Keiner braucht zu verzweifeln, ganz gleich, wie ernst sein Fall ist, denn der Umstand, dass dem Menschen körperliches Leben gewährt bleibt, zeigt an, dass die Seele, die ihn leitet, nicht ohne Hoffnung ist.

DAS WESEN DER KRANKHEIT

Um das Wesen der Krankheit zu verstehen, müssen zunächst einige grundlegende Wahrheiten oder Prinzipien anerkannt werden.

Die erste Wahrheit ist, dass der Mensch eine Seele besitzt und dass diese sein wahres Selbst ist: ein mächtiges, göttliches Wesen, ein Kind des Schöpfers aller Dinge. Von dieser Seele stellt der Körper – wenngleich er der irdische Tempel jener Seele ist – nur eine schwache Wiederspiegelung dar. Unsere Seele, unsere innewohnende Göttlichkeit, gibt unser Leben für uns vor, wie Er es geordnet wünscht; und sie leitet, schützt und ermutigt uns, soweit wir das zulassen, und ist wachsam und wohlwollend darauf bedacht, uns allezeit zu unserem Besten zu führen. Unser höheres Selbst als Funke des Allmächtigen aber ist unbesiegbar und unsterblich.

Das zweite Prinzip besagt, dass wir, wie wir uns in dieser Welt kennen, Wesen sind, die sich hier unten befinden, um all die Weisheit und Erfahrung zu erlangen, die man sich durch seine Erdenexistenz erwerben kann, um Tugenden zu entwickeln, die uns fehlen, und alles in uns auszulöschen, was falsch ist, um so der Vervollkommnung unseres

Wesens entgegenzuschreiten. Die Seele weiß, welche Umgebung und Umstände uns am besten dazu verhelfen können, und deshalb stellt sie uns an den Platz im Leben, der für dieses Ziel der geeignetste ist.

Drittens müssen wir bekennen, dass unsere Zeit auf dieser Welt, die wir das Leben nennen, nur einen kurzen Augenblick in unserer Entwicklungsgeschichte darstellt, so wie ein Schultag im Verhältnis zum ganzen Leben steht. Obgleich wir zur Zeit nur diesen einen Tag überblicken können, sagt uns doch unsere Intuition, dass unser eigentlicher Beginn unendlich weit vor unserer Geburt liegt und der Abschluss unserer Entwicklung unendlich weit entfernt ist von unserem Tod. Unsere Seele (unser wahres Wesen) ist unsterblich, und der Körper, den wir bewusst wahrnehmen, ist nur die zeitliche Hülle, wie ein Pferd, das wir besteigen, um eine Wegstrecke hinter uns zu bringen, oder ein Instrument, das wir gebrauchen, um eine Arbeit zu erledigen.

Darauf folgt das vierte große Prinzip: Solange Harmonie herrscht zwischen unserer Seele und unserer Persönlichkeit, erleben wir Freude und Frieden, Glück und Gesundheit. Wenn aber unsere Persönlichkeit von dem Pfad abgebracht wird, den die Seele dargelegt hat – sei es durch ihre weltlichen Begierden oder durch Beeinflussung von anderen –, entsteht ein Konflikt. Dieser Konflikt ist die Wurzel von Krankheit und Unglück. Ganz gleich, welche Aufgabe wir in der Welt haben – als Schuhputzer oder Herrscher, als Grundbesitzer oder Tagelöhner, reich oder arm –: solange wir diese unsere Aufgabe in Übereinstimmung mit dem Geheiß der Seele erfüllen, ist alles gut. Wir können gewiss sein, dass jeder Platz im Leben, an den wir gestellt sind, sei er hochstehend oder sehr gering, genau die Lektionen und Erfahrungen mit sich bringt, die für unsere weitere Entwicklung zur Zeit notwendig sind, und uns die besten Bedingungen zur Entfaltung unserer selbst bietet.

Das nächste große Prinzip ist die Erkenntnis der Einheit aller Dinge: Der Schöpfer aller Dinge ist die Liebe, und alles, dessen wir uns bewusst sind, ist in seiner unendlichen Formenvielfalt eine Manifestation, eine Offenbarung jener Liebe – sei es ein Planet oder ein Kieselstein, ein Stern oder ein Tautropfen, ein Mensch oder die niedrigste Form von

Leben. Vielleicht ist es möglich, einen schwachen Schimmer dieser Einsicht zu erfassen, wenn wir uns unseren Schöpfer als eine riesige, strahlende Sonne vorstellen, die nichts als Mildtätigkeit und Liebe ausstrahlt. Unendlich viele Strahlen gehen in alle Richtungen aus, und wir und alles, dessen wir uns bewusst sind, sind Teilchen am Ende jener Strahlen, ausgesandt, um Erfahrung und Wissen zu erwerben, letztlich aber, um wieder in die große Mitte zurückzukehren. Und wenngleich unseren Augen jeder Strahl als ein einzelner, separater erscheint, ist er in Wirklichkeit doch ein Teil der großen Sonne. Trennung ist unmöglich, denn sobald ein Lichtstrahl von seiner Quelle abgeschnitten wird, hört er auf zu sein. So können wir ein wenig die Unmöglichkeit des Getrenntseins begreifen: Obwohl jeder Strahl seine Individualität besitzen mag, ist er doch auch Teil der großen schöpferischen Kraft der Mitte. Somit betrifft jede Handlung, die gegen uns selbst oder einen anderen gerichtet ist, das Ganze, weil jede Unvollkommenheit, die in einem Teil entsteht, sich im Ganzen widerspiegelt.

Wir sehen also, dass es zwei grundlegende Fehlerquellen gibt: erstens die Trennung von Seele und Persönlichkeit und zweitens Grausamkeit oder falsches Verhalten gegenüber anderen, denn das ist eine Sünde gegen die Einheit. Jeder dieser Fehler bringt Konflikte hervor, die zur Krankheit führen. Die Erkenntnis des Fehlers, (die wir so häufig selbst nicht bemerken) und unsere ernste Bemühung, den Fehler richtigzustellen, wird uns nicht nur in ein Leben voll Freude und Frieden führen, sondern auch zur Gesundheit.

Krankheit an sich ist wohltätig, denn es ist ihr Zweck, die Persönlichkeit zum göttlichen Willen der Seele zurückzuführen. Wir sehen aber, dass sie sowohl vermeidbar als auch heilbar ist, denn wenn wir nur in uns selbst die Fehler erkennen, die wir machen, und sie durch geistige und gedankliche Anstrengungen richtigstellen, dann bedarf es keiner ernsten Lektionen in Gestalt von körperlichem Leiden. Die göttliche Kraft gibt uns jede Gelegenheit, uns zu bessern, bevor als letztes Mittel Schmerz und Leiden zum Einsatz gelangen. Vielleicht haben wir es nicht allein mit den Irrtümern dieses Lebens, dieses Schultages zu tun, aber selbst wenn wir uns der tieferen Ursache unseres Leidens nicht bewusst sind, das uns möglicherweise als grausam und grundlos erscheint, so weiß doch unsere Seele (unser wahres Wesen) seinen Sinn und leitet uns hin zu unserem

Besten. In jedem Fall würden Verständnis und Richtigstellung unserer Fehler das Leiden abkürzen und uns zur Gesundheit zurückführen. Das Wissen um die Ziele der Seele und das Bejahen dieses Wissens bedeutet die Erleichterung von irdischem Leid und Kummer und schenkt uns die Freiheit, uns weiter in Freude und Glück zu entfalten.

Es gibt also zwei große Fehler: erstens, die Gebote der Seele nicht zu achten und ihnen nicht Folge zu leisten, und zweitens, gegen die Einheit zu handeln, in Bezug auf das erste sei gesagt: Halte dich mit jedem Urteil über einen anderen zurück, denn was für den einen richtig ist, mag für den anderen falsch sein. Der Kaufmann, dessen Aufgabe es ist, ein großes Handelsgeschäft aufzubauen, nicht nur zu seinem eigenen Nutzen, sondern auch zum Vorteil all derer, die er beschäftigt, und der dadurch an Tüchtigkeit und Verantwortung gewinnt, deren verschiedene Aspekte er entwickelt, muss notwendigerweise andere Eigenschaften und andere Tugenden einsetzen als eine Krankenschwester, die ihr Leben der Pflege von Leidenden widmet; aber beide lernen in rechter Weise jene Qualitäten zu gebrauchen, die für ihre Weiterentwicklung notwendig sind – wenn sie den Geboten ihrer Seele folgen. Das Befolgen der Weisungen unserer Seele, unseres höheren Selbst, also ist es, worauf es ankommt; wir lernen es durch die Stimme des Gewissens, durch Instinkt und Intuition.

Wir sehen, dass Krankheit aufgrund ihrer Prinzipien und ihres Wesens sowohl vermeidbar als auch heilbar ist, und es ist Aufgabe der geistigen Heiler und der Ärzte, nicht nur materielle Heilmittel auszuteilen, sondern darüber hinaus den Leidenden das Wissen um die Fehler in ihrem Leben zu vermitteln und den Weg, auf dem diese Irrtümer ausgeschaltet werden können, damit sie zurück zu Gesundheit und Freude finden.

KRANKHEIT ALS KORREKTIV DER SEELE

Was wir als Krankheit kennen, ist die letzte Phase einer viel tieferliegenden Störung der Ordnung, und um einen völligen Heilungserfolg sicherzustellen, wird also die Behandlung des Endergebnisses allein nicht ausreichen, solange nicht auch die grundlegende Störung beseitigt ist. Wir sprachen von dem einen grundsätzlichen Fehler, den der Mensch machen kann und der darin besteht, gegen die Einheit zu handeln; dies geschieht aus Eigenliebe.

Ebenso können wir sagen, dass es nur ein ursprüngliches Gebrechen gibt: Krankheit oder körperliches Leid. Und da wir beim Handeln gegen die Einheit verschiedene Arten unterscheiden können, so mag auch die Krankheit – als Resultat dieses Handelns – in unterschiedliche Hauptgruppen eingeteilt werden, je nach ihrer Ursache. Schon das Wesen einer Krankheit wird ein nützlicher Hinweis zur Entdeckung der Art von Verhalten sein, die gegen das göttliche Gesetz von Liebe und Einheit verstoßen hat.

Wenn wir in uns genügend Liebe zu allen Wesen und Dingen besitzen, dann können wir keinem Leid zufügen, denn diese Liebe würde uns von jeder solchen Handlung und unser Denken von jedem Gedanken abhalten, der einen anderen verletzen könnte. Diesen Zustand der Vollkommenheit haben wir noch nicht erreicht; hätten wir es, dann brauchten wir diese Existenz auf Erden nicht mehr. Aber wir alle streben und entwickeln uns diesem Zustand entgegen, und jene, die an Gemüt und Körper leiden, werden eben durch dieses Leid dem Idealzustand entgegengeführt; und wenn wir es nur richtig verstehen, beschleunigen wir nicht nur unsere Schritte zu jenem Ziel, sondern ersparen uns auch Krankheit und Not. Wenn die Lektion verstanden und der Fehler beseitigt ist, brauchen wir das Korrektiv nicht mehr. Wir müssen immer daran denken, dass Leiden an sich wohltätig ist, indem es uns darauf hinweist, wenn wir falsche Wege beschreiten, und indem es so unsere Entwicklung ihrer herrlichen Vollendung entgegen beschleunigt.

Die eigentlichen Grundkrankheiten des Menschen sind Fehler wie Stolz, Grausamkeit, Hass, Eigenliebe, Unwissenheit, Unsicherheit und Habgier; jeder dieser Züge wird sich bei näherer Betrachtung als gegen die Einheit gerichtet erweisen. Fehler wie diese sind die wirklichen Krankheiten, und ein Beibehalten solcher Mängel über jedes Stadium der Entwicklung hinaus, in dem wir sie als falsch erkannt haben, ist es, was im Körper schädliche Folgen verursacht, die wir dann als Krankheiten erleben.

Stolz ist in erster Linie darauf zurückzuführen, dass wir die Kleinheit unserer Persönlichkeit und ihre völlige Abhängigkeit von der Seele nicht erkennen und dass jeder Erfolg, den sie vielleicht erringt, nicht aus ihr selbst stammt, sondern ein Segen ist, den die Göttlichkeit im Innern schenkt; zweitens auf den mangelnden Sinn für Proportionen, der einem den Blick auf die eigene Winzigkeit im Vergleich zum ganzen Schöpfungsplan nimmt. Da der Stolz sich nicht in Bescheidenheit und Ergebenheit dem Willen des großen Schöpfers unterwerfen will, verursacht er Handlungen, die gegen diesen göttlichen Willen gerichtet sind.

Grausamkeit bedeutet Leugnung der Einheit aller und fehlendes Verständnis dafür, dass jegliche Handlung, die gegen einen anderen gerichtet ist, im Gegensatz zum Ganzen steht und daher eine Handlung gegen die Einheit ist. Keiner würde sich grausam gegen jene verhalten, die ihm lieb und nahe sind. Nach dem Gesetz der Einheit müssen wir wachsen, bis wir erkennen, dass jeder als Teil des Ganzen uns lieb und nahe ist, bis selbst jene, die uns verfolgen, nur noch Empfindungen der Liebe und Sympathie in uns hervorrufen können.

Hass ist das Gegenteil von Liebe, die Umkehrung des Gesetzes der Schöpfung. Hass widerspricht dem göttlichen Plan und leugnet den Schöpfer; er verleitet uns zu Handlungen und Gedanken, die der Einheit feindlich sind und bewirkt das Gegenteil dessen was die Liebe gebietet.

Eigenliebe wiederum ist ebenfalls eine Verleugnung der Einheit und der Verpflichtung gegenüber unseren Mitmenschen; sie veranlasst uns, Eigeninteressen über das Wohl der Menschheit und die Sorge und den Schutz für jene zu stellen, die um uns sind.

Unwissenheit ist das Versäumnis zu lernen, die Weigerung, die Wahrheit zu sehen, wenn sich die Gelegenheit dazu bietet, und sie führt zu vielen falschen Handlungen, die nur im Dunkel bestehen können und unmöglich werden, wenn uns das Licht von Wahrheit und Wissen umgibt.

Unsicherheit, Unentschiedenheit und mangelhafte Zielstrebigkeit kommen auf, wenn die Persönlichkeit sich weigert, sich vom höheren Selbst leiten zu lassen, und sie führen dazu, dass wir andere durch unsere Schwäche verraten. Ein solcher Zustand wäre nicht möglich, wenn wir das Wissen um die unbesiegbare, unüberwindliche Göttlichkeit in uns trügen, die wir in Wirklichkeit selbst sind.

Habgier führt zu Machtgier. Sie ist eine Leugnung der Freiheit und Individualität jeder Seele. Statt zu erkennen, dass jeder von uns hier ist, um sich auf seine eigene Weise frei zu entwickeln, allein nach den Geboten seiner Seele, um seine Individualität zu entfalten und frei und ungehindert zu wirken, verlangt die von Habgier beherrschte Persönlichkeit, zu befehlen, zu formen und zu bestimmen, die Macht des Schöpfers an sich zu reißen.

Das sind Beispiele wirklicher Krankheit, die Ursprung und Grundlage aller unserer Leiden und Nöte sind. Jeder dieser Mängel wird, wenn wir ihm gegen die Stimme des höheren Selbst stattgeben, einen Konflikt erzeugen, der sich unausweichlich im Körper widerspiegelt und die ihm eigentümliche Art von Beschwerden zeigt.

Jetzt erkennen wir, dass jede Art von Krankheit, an der wir leiden mögen, uns zur Entdeckung des Fehlers führen kann, der ihr zugrunde liegt. Stolz zum Beispiel, die Frucht von Arroganz und Starrheit im Denken, wird Krankheiten erzeugen, die Starrheit und Steifheit im Körper mit sich bringen. Schmerz ist die Folge von Grausamkeit; durch ihn lernt der Patient im eigenen Leiden, anderen kein Leid zuzufügen, sei es körperliches oder seelisches. Die Strafe für Hass besteht in Einsamkeit, heftigen, unbeherrschten Temperamentsausbrüchen, nervlichen Belastungen und hysterischen Zuständen. Die Krankheiten des Sich-nach-innen-Wendens-Neurose, Neurasthenie und ähnliche –, die dem Leben so viel von seiner Freude nehmen, sind durch zu starke Eigenliebe verursacht. Unwissenheit und mangelnde Klugheit führen unmittelbar zu Schwierigkeiten im Alltagsleben; weigert man sich darüber hinaus beharrlich, die Wahrheit zu sehen, wenn sich die Gelegenheit dazu bietet, sind Kurzsichtigkeit und Beeinträchtigung von Sehkraft und Hörvermögen die natürlichen Konsequenzen. Ein labiles Gemüt führt zwangsläufig zu der gleichen Eigenschaft im Körperlichen, das heißt zu verschiedenen Störungen, die Bewegung und Koordination beeinträchtigen. Die Folge von Habgier und Herrschsucht sind Krankheiten, die den Leidenden zum Sklaven seines eigenen Körpers machen, seine Absichten und Wünsche werden dann durch die Krankheit gezügelt und behindert.

Weiterhin bleibt aber der von Beschwerden betroffene Teil des Körpers nicht dem Zufall überlassen, sondern er wird ebenfalls nach dem Gesetz von Ursache und Wirkung bestimmt. Somit trägt auch er dazu bei, uns auf unseren Fehler aufmerksam zu machen und uns zu helfen. Das Herz beispielsweise, der Quell des Lebens und damit der Liebe, wird angegriffen, wenn die Liebe zum Mitmenschen in unserem Wesen nicht recht entfaltet oder falsch gebraucht wird; eine kranke Hand ist ein Hinweis auf eine falsche Handlung oder das Unterlassen der richtigen. Das Gehirn, unser Kontrollzentrum, ist betroffen, wenn unsere Persönlichkeit zu sehr außer Kontrolle geraten ist. Solche Folgen stellen sich nach dem Gesetz von Ursache und Wirkung ein. Wir alle kennen die schweren Folgen, die ein gewalttätiger Temperamentsausbruch nach sich ziehen kann, oder den Schock nach einer plötzlichen schlechten Nachricht. Wenn solche geringe Angelegenheiten den Körper so beeinflussen können – wie viel ernster und tiefgreifender muss sich dann ein lange bestehender Konflikt zwischen Seele und Körper auswirken? Ist es da noch ein Wunder, dass wir heutzutage so viele und schwere Krankheiten und Nöte zu beklagen haben?

Doch es gibt noch keinen Grund zur Verzweiflung. Krankheit lässt sich verhüten und heilen, wenn wir den Mangel in uns selbst entdecken und dadurch ausmerzen, dass wir jene Tugend entwickeln, die den Mangel vernichtet. Dies ist nicht zu erreichen, indem wir den Mangel bekämpfen, sondern indem wir die ihm entgegengestellte Tugend in so mächtigem Maße entfalten, dass sie den Mangel aus unserem Wesen hinwegfegt.

ES GIBT NICHTS ZUFÄLLIGES IN BEZUG AUF KRANKHEITEN

Wir stellen also fest, dass es nichts Zufälliges in Bezug auf Krankheiten gibt, auch nicht bezüglich der Art und der Stelle der Erkrankung. Wie alle anderen Formen von Energie folgt auch die Krankheit dem Gesetz von Ursache und Wirkung. Gewisse Leiden können durch unmittelbare körperliche Einflüsse hervorgerufen werden – zum Beispiel durch Gifte, Unfälle und Verletzungen, auch durch grobe Exzesse –, aber im allgemeinen gilt, dass Krankheit auf einen grundlegenden Mangel in unserem Wesen zurückzuführen ist, wie in den bereits angeführten Beispielen gezeigt wurde.

Deshalb müssen zu einer vollständigen Heilung nicht nur physische Mittel eingesetzt werden – wobei die jeweils besten Methoden zu wählen sind, die im Bereich der Heilkunst bekannt sind –, sondern wir selbst müssen uns auch nach ganzem Vermögen bemühen, den entsprechenden Mangel in unserem Wesen zu beseitigen. Die endgültige und vollkommene Heilung nämlich kommt letztlich von innen, von der Seele selbst, die mit ihrer Harmonie die ganze Persönlichkeit durchstrahlt, wenn man sie nicht daran hindert.

Wie es eine tiefe Grundursache aller Krankheiten gibt, nämlich Eigenliebe, so gibt es auch eine sichere Methode zur Linderung allen Leidens, nämlich die Umkehr der Eigenliebe in Nächstenliebe, Hingabe an andere. Wenn wir uns nur genügend darin üben, uns der Liebe und Fürsorge für unsere Mitmenschen hinzugeben, wenn wir uns auf das herrliche Abenteuer einlassen, Wissen zu erwerben und anderen zu helfen, dann gelangen unsere persönlichen Kümmernisse und Leiden rasch zu einem Ende. Das ist das große, höchste Ziel: die Eigeninteressen zum Wohle und im Dienste der Menschheit zu verlieren. Es kommt nicht darauf an, an welchen Platz im Leben unsere Göttlichkeit uns gestellt hat. Ob wir Händler oder Handwerker sind, reich oder arm, König oder Bettler: allen ist es möglich, die Aufgabe ihrer jeweiligen Berufung auszuführen und dabei ein Segen zu sein für die Menschen ihrer Umgebung, denen sie die göttliche, geschwisterliche Liebe mitteilen.

Die meisten von uns haben noch eine gewisse Wegstrecke vor sich, bis sie diesen Zustand der Vollendung erreichen. Allerdings ist es erstaunlich, wie rasch der einzelne auf seinem Wege vorangelangt, wenn er sich wirklich anstrengt – vorausgesetzt, er legt sein Vertrauen nicht allein in seine schwache Persönlichkeit, sondern baut fest darauf, dass er durch das Beispiel und die Lehren der großen Meister unserer Welt lernt, sich mit seiner eigenen Seele zu vereinen, der Göttlichkeit im Innern; dann werden alle Dinge möglich. Die meisten von uns haben einen oder mehrere Mängel, die unsere Weiterentwicklung besonders behindern, und so gilt es, gerade diesen Fehler oder Mangel herauszufinden und sich im Bestreben, die Liebe in unserem Wesen zu entfalten und auszuweiten, zugleich zu bemühen, jenen Mangel hinwegzufegen durch die Kraft der gestärkten, ihm entgegengesetzten Tugend. Dies ist zu Beginn vielleicht etwas schwierig, aber nur zu Beginn, denn dann zeigt sich, wie erstaunlich rasch eine aus ganzem Herzen unterstützte Tugend wachsen kann, und mit ihr das Wissen, dass mit der Hilfe der innewohnenden Göttlichkeit – wenn wir nur Ausdauer beweisen – ein Versagen ausgeschlossen ist.

Während die universelle Liebe in uns wächst, erkennen wir immer mehr, dass jedes Menschenwesen, wie bescheiden es uns auch vorkommt, ein Kind des Schöpfers ist und eines Tages, zur gegebenen Zeit, zur Vollkommenheit gelangen wird, wie wir alle es für uns selbst erhoffen. Wie niedrig auch immer ein Mensch oder ein Geschöpf erscheinen mag, müssen wir uns doch daran erinnern, dass ein göttlicher Funke in seinem Wesen ruht, der langsam aber sicher wachsen wird, bis die Herrlichkeit des Schöpfers auch sein Wesen durchstrahlt.

Darüber hinaus ist die Frage von richtig oder falsch, gut oder böse nur relativ. Was in der natürlichen Entwicklung eines Steinzeitmenschen richtig ist, wäre für weiterentwickelte Angehörige unserer Zivilisation falsch, und was bei Menschen unseresgleichen als Tugend gilt, wäre vielleicht bei einem, der die Stufe der spirituellen Jüngerschaft erreicht hat, fehl am Platz. Was wir als falsch oder böse bezeichnen, ist in Wirklichkeit etwas Gutes am falschen Platz, unsere Wertungen sind nur relativ. Wir wollen uns also darüber im klaren sein, dass auch unser Maßstab von Idealismus relativ ist. Den Tieren müssen wir wohl als wahrhaftige Götter erscheinen, während wir, so wie wir sind, weit unterhalb der großen weißen Bruderschaft der Heiligen und Märtyrer stehen, die alles hingegeben haben, um uns ein Beispiel zu sein. Deshalb müssen wir auch den Geringsten Mitgefühl und Sympathie zeigen, denn selbst wenn wir uns weit über deren Ebene empor entwickelt fühlen, sind wir dennoch gering und haben noch eine weite Reise vor uns, bis wir die Stufe unserer älteren Geschwister erreichen, deren Licht die Welt zu allen Zeiten durchstrahlt hat.

Wenn uns Stolz erfasst, wollen wir versuchen zu erkennen, dass unsere Persönlichkeit aus sich heraus nichts ist. Sie ist unfähig, irgendeine gute Leistung oder einen annehmbaren Dienst zu vollbringen oder den Mächten der Finsternis zu widerstehen, wenn sie nicht von jenem Licht unterstützt wird, das von oben kommt, dem Licht unserer Seele. Wir wollen uns bemühen, einen winzigen Blick auf das Allvermögen und die unvorstellbare Macht unseres Schöpfers zu erhaschen, der in einem Wassertropfen eine vollkommene Welt erschafft und Milchstraßen und ganze Universen hervortreten lässt. Wir wollen versuchen zu erkennen, dass wir ganz und gar von Ihm abhängig sind und Ihm Bescheidenheit schulden. Wir lernen, unseren menschlichen Vorgesetzten Respekt und Achtung entgegenzubringen – wie unendlich viel mehr sollten wir unsere eigene Schwäche in äußerster Demut vor dem großen Architekten und Baumeister des Universums anerkennen!

Wenn Grausamkeit oder Hass uns den weiteren Weg versperren, wollen wir daran denken, dass Liebe das Fundament der Schöpfung ist, dass in jeder lebenden Seele etwas Gutes ist und dass selbst die Besten unter uns etwas Schlechtes bergen. Indem wir darauf bedacht sind, in anderen das Gute zu sehen – selbst in jenen, die uns zunächst abstoßen –, werden wir lernen, zumindest etwas Sympathie und die Hoffnung zu entwickeln, dass sie einen besseren Weg finden mögen; später erwächst dann der Wunsch, ihnen auf diesem Weg zu helfen. Schließlich werden wir alle durch Liebe und Sanftheit gewinnen, und wenn wir diese beiden Eigenschaften genügend entwickelt haben, wird uns nichts mehr angreifen können, weil wir immer Mitgefühl zeigen und keinen Widerstand mehr entgegensetzen werden. Nach dem Gesetz von Ursache und Wirkung nämlich ist es der Widerstand, der den Schaden anrichtet. Unser Ziel im Leben heißt, den Geboten unseres höheren Selbst zu folgen, ohne uns durch die Einflüsse anderer davon abbringen zu lassen. Dieses Ziel können wir nur erreichen, wenn wir sanftmütig unseren eigenen Weg gehen und uns dabei nie in das persönliche Leben eines anderen einmischen oder durch Grausamkeit und Hass ihm auch nur die geringste Verletzung zufügen. Wir müssen lernen, alle anderen zu lieben, selbst wenn wir dabei zunächst mit nur einem Menschen oder einem Tier anfangen. Dann lassen wir unsere Liebe wachsen und sich über einen größeren und weiteren Bereich ausdehnen, bis die ihr entgegenstehenden Mängel von selbst verschwinden. Liebe erzeugt Liebe, wie Hass Hass erzeugt.

Die Heilung von Eigenliebe erreichen wir, indem wir uns nach außen den Mitmenschen zuwenden mit der Fürsorge und Aufmerksamkeit, mit der wir uns selbst bedenken. Dann wird uns ihr Wohlergehen so beschäftigen, dass wir uns selbst darüber vergessen. Es gilt, wie ein großer Orden der Bruderschaft es ausdrückt, „den Trost unseres eigenen Kummers anzustreben, indem wir unseren Mitgeschöpfen Linderung und Tröstung in der Stunde ihrer Not zukommen lassen". Dies ist die zuverlässigste Methode, die Eigenliebe und die ihr folgenden Störungen zu kurieren.

Unsicherheit lässt sich durch Entwicklung von Selbstbestimmung und Zielstrebigkeit ausmerzen: indem man sich klar wird, Entschlüsse fasst und mit Bestimmtheit durchführt, anstatt zu zögern und zu schwanken. Selbst wenn wir am Anfang zuweilen Fehler machen, ist es doch besser zu handeln, als aus Unentschiedenheit gute Gelegenheiten verstreichen zu lassen. Die Entschlossenheit wird bald wachsen, die Angst, sich kopfüber ins Leben zu stürzen, wird verschwinden, und die so gesammelten Erfahrungen werden uns befähigen, bessere Entscheidungen zu treffen.

Um Unwissenheit auszuschalten, sollten wir uns vor neuen Erfahrungen nicht fürchten, sondern mit wachem Sinn und offenen Augen und Ohren jedes Wissensteilchen in uns aufnehmen, das wir erhaschen können. Zugleich müssen wir in unserem Denken beweglich bleiben, damit nicht vorgefasste Meinungen und Überzeugungen von früher uns die Möglichkeit rauben, weiteres Wissen zu erwerben. Wir sollten jederzeit bereit sein, unseren Horizont zu erweitern, und nicht an einem bestimmten Gedanken festzuhalten – ganz gleich, wie fest er verwurzelt ist –, wenn wir eine umfassendere Wahrheit kennenlernen, die ihn ablösen kann.

Wie der Stolz ist auch die Habgier ein großes Hindernis auf dem Entwicklungsweg, und so müssen beide rücksichtslos ausgemerzt werden. Die Folgen der Habgier sind ernst, denn sie verleiten uns, in die Seelenentwicklung anderer Menschen einzugreifen. Wir müssen erkennen, dass jeder Mensch hier ist, um seinem eigenen Entwicklungsweg nach den Geboten seiner Seele zu folgen, und nur seiner Seele, und keiner von uns darf irgend etwas anderes tun, als seinen Nächsten bei dieser Entwicklung zu unterstützen. Wir müssen ihm helfen zu hoffen und, wenn es in unserer Macht steht, sein Wissen vermehren und Gelegenheiten fördern, die zu seinem Weiterkommen beitragen. So wie wir wünschten, dass andere uns beim steilen und beschwerlichen Aufstieg unseres Lebensweges helfen, wollen wir immer bereit sein, eine helfende Hand zu reichen und unsere größere Erfahrung den jüngeren oder schwächeren Mitmenschen zur Verfügung zu stellen. Dies sollte die Einstellung von Eltern zum Kind, vom Meister zum Gesellen oder von Kamerad zu Kamerad sein: Fürsorge, Liebe und Schutz zu geben, soweit sie notwendig und hilfreich sind, aber keinen Augenblick die naturgemäße Entfaltung der Persönlichkeit zu stören, da diese nach den Geboten der Seele zu erfolgen hat.

Die meisten von uns sind während der Kindheit und Jugend ihrer Seele viel näher als in späteren Jahren. Wir haben dann oft klarere Vorstellungen von unserer Lebensaufgabe, von den Leistungen, die von uns erwartet werden, und von den Charakterzügen, die wir zu entfalten haben. Der Grund dafür ist, dass der Materialismus und die Umstände unserer Zeit sowie die Persönlichkeiten, mit denen wir uns umgeben, dazu beitragen, dass wir von der Stimme unseres höheren Selbst abgelenkt werden und uns fest an das Gewöhnliche mit seinem Mangel an Idealen binden, das in unserer Zivilisation nur allzu deutlich offenbar ist. Mögen die Eltern, der Meister und der Kamerad immer bestrebt sein, das Wachsen des höheren Selbst zu unterstützen, wenn sie das wunderbare Vorrecht und die Gelegenheit haben, einen Einfluss auf andere auszuüben; aber sie mögen anderen immer die Freiheit lassen, die sie selbst für sich erhoffen.

So können wir also alle Mängel in uns aufspüren und sie ausmerzen, indem wir die entgegengesetzte Tugend entwickeln und damit die Ursache des Konfliktes zwischen Seele und Persönlichkeit aus unserem Wesen beseitigen, die der tiefste Grund für die Krankheit ist. Dies allein wird – wenn der Patient Vertrauen und Kraft besitzt – Erleichterung, Gesundheit und Freude bringen und bei jenen, die nicht so stark sind, die Arbeit des Arztes beträchtlich unterstützen, um das gleiche Ergebnis zu erzielen.

Wir müssen gewissenhaft lernen, als Maßgabe der Gebote unserer Seele Individualität zu entwickeln, niemanden zu fürchten und darauf zu achten, dass keiner uns in der Entfaltung unseres Wesens stört oder uns abbringt von der Erfüllung unserer Pflicht und der Hilfeleistung für unsere Mitmenschen. Denn je weiter wir vorankommen, desto mehr werden wir zum Segen für jene, die um uns sind. Wir müssen besonders auf der Hut sein, anderen – ganz gleich, wer es ist – nur dann zu helfen, wenn der Wunsch, zu helfen, dem Gebot unserer Seele, unseres inneren Selbst entspringt und nicht von einem falschen Pflichtgefühl herstammt, das uns von irgendjemandem eingeredet worden ist. Das ist eine der Tragödien, die wir unseren modernen Konventionen zu verdanken haben, und man kann unmöglich ermessen, wie viel Tausende von Leben sie behindert, wie viele Myriaden von Gelegenheiten sie verbaut, wie viel Kummer und Leid sie verursacht und wie viele Menschen sie gezwungen hat, aus Pflichtgefühl heraus viele Jahre lang pflegebedürftige Eltern zu versorgen, deren einzige Krankheit in Wirklichkeit in ihrer Gier nach Aufmerksamkeit und Zuwendung bestand. Man denke an das Heer von Männern und Frauen, die davon abgehalten wurden, vielleicht etwas Großes und Nützliches für die

Menschheit zu leisten, weil sie von einem Menschen mit Beschlag belegt wurden, von dem Abstand zu nehmen und Freiheit zu gewinnen sie nie den Mut aufgebracht haben. Man denke an die Kinder, die zu Beginn ihres Lebens ihre Berufung vernehmen und annehmen, und dann aufgrund schwieriger Umstände, falscher Ratschläge oder mangelnder Zielstrebigkeit in einen anderen Lebensbereich abgleiten, wo sie weder glücklich noch in der Lage sind, jenen Entwicklungsweg zu beschreiten, der für sie bestimmt war. Allein die Stimme unseres Gewissens kann uns sagen, wie und wem wir dienen sollten und ob unsere Pflicht einem einzigen oder vielen gilt. Aber wie die Antwort auch lauten mag: Wir sollten diesem Gebot folgen, bis zum äußersten unserer Fähigkeiten.

Schließlich sollten wir uns nicht fürchten, ins Leben einzutauchen. Wir sind hier, um Erfahrungen und Wissen zu sammeln, und wir werden nur wenig lernen, wenn wir uns nicht der Realität stellen und uns bis zum äußersten bemühen. In jedem Bereich des Lebens können wir Erfahrungen erwerben, und die Wahrheiten der Natur und der Menschheit lassen sich ebenso erfolgreich – vielleicht sogar noch besser – auf dem Lande wie mitten im Lärm und Getriebe der Großstadt erlernen.

EINGRIFFE IN DIE PERSÖNLICHKEITEN

Eingriffe in die Persönlichkeit können diese davon abhalten, den Weisungen des höheren Selbst zu folgen, und führen oft zu einem Mangel an Individualität. Da dieser Mangel bei der Entstehung von Krankheit eine so große Rolle spielt und häufig schon früh im Leben seinen Anfang nimmt, wollen wir nun die tatsächliche Beziehung zwischen Erzeuger und Kind, zwischen Lehrer und Schüler betrachten.

Die Aufgabe der Elternschaft, die in der Tat als ein göttliches Privileg betrachtet werden sollte, ist es in erster Linie, einer Seele die Möglichkeit zu geben, im Interesse ihrer Weiterentwicklung in diese Welt einzutreten. Wenn man es richtig sieht und versteht, gibt es vermutlich kein großartigeres Vorrecht für den Menschen, bei der körperlichen

Geburt einer Seele zu helfen und mit der Pflege der jungen Persönlichkeit während der ersten Jahre ihres Erdendaseins betraut zu sein. Die Einstellung der Eltern sollte deshalb ganz darauf ausgerichtet sein, dem kleinen Neuankömmling nach allerbesten Vermögen alles zu geben, was er geistig, gedanklich und körperlich an Geleit braucht. Die Eltern sollten immer im Sinne haben, dass das Menschlein eine individuelle Seele ist, auf die Erde herabgekommen, um ihre eigenen Erfahrungen zu sammeln und auf eigene Weise Wissen zu erwerben nach den Geboten ihres höheren Selbst, und ihr deshalb soviel wie möglich Freiheit lassen für ihre ungehinderte Entfaltung.

Der göttliche Dienst der Elternschaft sollte so hoch – vielleicht noch höher – geachtet werden wie jede andere große Pflicht, zu der wir aufgerufen sind. Da dieser Dienst Opfer verlangt, sollten wir immer daran denken, dass nichts, was auch immer es sein möge, vom Kinde zurückerwartet werden darf; es geht allein darum, zu geben und nur zu geben: sanfte Liebe, Schutz und Geleit, bis die Seele die junge Persönlichkeit selbst lenken kann. Unabhängigkeit, Individualität und Freiheit sollten von Anfang an vermittelt werden, und man sollte das Kind anregen, so früh wie möglich damit zu beginnen, selbst zu denken und zu handeln. Die elterliche Kontrolle sollte Schritt für Schritt abgebaut werden, während sich die kindliche Fähigkeit zur Selbständigkeit entfaltet, und später sollten keine einschränkenden Pflichtgefühle den Eltern gegenüber die Seele des Kindes behindern.

Die Elternschaft ist eine Aufgabe, die von Generation zu Generation weitergegeben wird, und dabei geht es im Wesentlichen darum, dass eine Zeitlang Geleit und Schutz gewährt werden. Danach hat diese Funktion zurückzutreten, und die Eltern sollen das Ziel ihrer Aufmerksamkeit, ihr Kind, freigeben, damit es allein weitergehen kann. Es sei daran erinnert, dass das Kind, dessen Schutz uns vorübergehend anvertraut ist, eine viel ältere und reifere Seele sein kann als wir selbst, dass es uns geistig längst über den Kopf gewachsen sein mag, und so sollten sich Kontrolle und Schutz auf die Bedürfnisse der jungen Persönlichkeit beschränken.

Die Elternschaft ist eine heilige Pflicht, die ihrem Wesen nach an die nächste Generation weitergegeben wird. Sie bringt nichts anderes als Dienen mit sich und erwartet keinerlei Gegenleistung, außer dass die Jungen dereinst die gleiche Pflicht gegenüber der nächsten Generation erfüllen werden. Eltern sollten sich besonders vor dem Verlangen hüten, die junge Persönlichkeit nach ihren eigenen Vorstellungen oder Wünschen zu formen und sich jeder unangebrachten Bevormundung, oder Forderung von Gefälligkeiten als Gegenleistung für ihre natürliche Pflicht und ihr göttliches Vorrecht enthalten. Jedes Machtstreben, jeder Versuch, das junge Leben aus eigenen Motiven heraus zu formen, ist eine schreckliche Art der Habgier, der nie stattgegeben werden darf, denn wenn sich solche Gedanken in den jungen Eltern verfestigen und Wurzeln schlagen, werden sie sie in späteren Jahren zu regelrechten Vampiren entarten lassen. Wenn sich auch nur das geringste Machtstreben zeigt, muss es im Keim erstickt werden. Wir dürfen nicht zulassen, dass uns die Hab- und Machtgier versklavt und in uns den Wunsch weckt, andere zu beherrschen. Wir müssen in uns selbst das Geben fördern und diese Kunst entwickeln, bis die Opferbereitschaft jede Spur von schädlichem Handeln beseitigt hat.

Auch der Lehrer sollte immer daran denken, dass es nur seine Aufgabe ist, Vermittler zu sein, der den jungen Menschen Geleit und Gelegenheit gibt, die Dinge der Welt und des Lebens zu erlernen. Jedes Kind soll auf seine eigene Weise Wissen aufnehmen und instinktiv auswählen können, was für den Erfolg seines Lebens notwendig ist. Deshalb gilt auch hier, dass nicht mehr als die behutsame Anleitung gegeben werden sollte, damit der Schüler imstande ist, das Wissen zu erwerben, das er braucht.

Kinder sollten im Sinne behalten, dass die Aufgabe der Elternschaft ein göttliches Sinnbild der schöpferischen Kraft ist, dass sie aber keine Einschränkungen der Entwicklung und keine Verpflichtungen verlangt, die das Leben und Wirken behindern, das ihnen die eigene Seele gebietet. Man kann unmöglich das immense Leiden in unserer Zeit, die innere Verkrüppelung von Menschenwesen und das Anwachsen herrschsüchtiger Charaktere abschätzen, die auf mangelnde Erkenntnis dieser Umstände zurückzuführen sind. Fast in jeder Familie sind Eltern wie Kinder damit beschäftigt, sich ihre eigenen Gefängnisse zu bauen, weil sie von falschen Beweggründen angetrieben und in unrichtigen Vorstellungen der Eltern-Kind-Beziehung gefangen sind. Solche Gefängnisse nehmen die Freiheit, verkrampfen das Leben, behindern die naturgemäße Entwicklung und bringen allen Betroffenen Unglück. Die mentalen, nervösen und sogar körperlichen Störungen, die daraus entstehen, bilden einen sehr großen Teil der Krankheit unserer Zeit.

Man kann gar nicht klar genug sagen, dass jede Seele zu dem spezifischen Zweck hier auf Erden verkörpert ist, Erfahrungen und Verständnis zu gewinnen und ihre Persönlichkeit nach dem Maßstab der ihr innewohnenden Ideale zu vervollkommnen. Ganz gleich, welcher Art unsere Beziehung zueinander auch ist, sei es Mann und Frau, Eltern und Kind, Bruder und Schwester, Meister und Geselle: wir versündigen uns gegenüber unserem Schöpfer und gegen unseren Mitmenschen, wenn wir aus persönlicher Motivation heraus die Entwicklung einer anderen Seele behindern. Unsere einzige Pflicht besteht darin, den Geboten unseres Gewissens zu folgen, und dieses wird niemals auch nur einen Augenblick lang die Beherrschung einer anderen Persönlichkeit zulassen. Jedermann soll wissen, dass seine Seele eine bestimmte Aufgabe für ihn vorgesehen hat, und solange er diese Aufgabe nicht erfüllt – auch wenn ihm dies gar nicht bewusst ist –, wird er unausweichlich einen Konflikt zwischen seiner Seele und Persönlichkeit verursachen, der sich dann notwendigerweise in Gestalt körperlicher Störungen niederschlägt.

Nun mag es wohl sein, dass jemand dazu berufen ist, sein ganzes Leben einem anderen zu widmen, aber bevor er dies in Angriff nimmt, soll er zuerst absolut sicher sein, dass dies ein Gebot seiner Seele ist und nicht die Empfehlung einer fremden, dominierenden Persönlichkeit, die ihn dazu überredet, oder ein falsches Pflichtgefühl, das ihn irreleitet. Er soll auch wissen, dass wir in diese Welt kommen, um Schlachten zu schlagen, um Kraft gegen jene zu gewinnen, die uns beherrschen wollten, und um jene Stufe zu erreichen, auf der wir ruhig und bedacht unsere Pflicht erfüllen und unerschrocken und unbeeinflusst von irgendeinem anderen lebenden Wesen durchs Leben gehen, immer geleitet von der Stimme unseres höheren Selbst. Für sehr viele wird der größte Kampf in ihrem eigenen Heim stattfinden: Bevor sie die Freiheit erlangen, Siege in der Welt davonzutragen, müssen sie sich erst von der nachteiligen Beherrschung und Kontrolle durch einen sehr nahen Verwandten losreißen.

Jeder Mensch, sei er erwachsen oder ein Kind, der sich aus den dominierenden Einflüssen eines anderen zu befreien hat, sollte zweierlei bedenken: Erstens sollte er diesen „Möchtegern"-Unterdrücker in der gleichen Weise sehen wie einen Gegner im Sport: als eine Persönlichkeit, mit der wir gemeinsam am Spiel des Lebens teilnehmen, ohne die geringste Spur von Bitterkeit. Hätten wir nicht solche Mitstreiter, dann hätten wir keine Gelegenheit, unseren eigenen Mut, unsere eigene Individualität zu entfalten. Zweitens: Die wirklichen Siege im Leben erwachsen aus Liebe und Sanftheit, und so sollte in einem solchen Wettstreit keinerlei Gewalt eingesetzt werden. Durch stetiges Hineinwachsen in unser eigenes Wesen, durch Üben von Mitgefühl, Sympathie, Freundlichkeit und, falls möglich, Zuneigung – oder besser noch: Liebe – gegenüber dem anderen können wir uns so entwickeln, dass es uns im rechten Moment möglich ist, ganz sanft und ruhig dem Ruf unseres Gewissens zu folgen, ohne die geringste Einmischung zu erlauben.

Jene aber, die dominieren, brauchen viel Hilfe und Anleitung, um die Wahrheit als große, universale Wahrheit zu erkennen und um die Freude der geschwisterlichen Verbundenheit mit allen zu erfassen. Daran vorbeizugehen heißt, am wahren Glück im Leben vorbeizugehen, und wir müssen jenen Menschen helfen, soweit es in unserer Macht steht. Schwäche auf unserer Seite, die jenen erlaubt, ihren Einfluss auszuweiten, wird ihnen nur schaden; eine sanfte, aber bestimmte Weigerung, sich von ihnen beherrschen zu lassen, und eine Bemühung, ihnen die Erkenntnis der Freude des Gebens zu vermitteln, werden ihnen auf ihrem nach oben führenden Wege helfen.

Das Erlangen unserer Freiheit, das Gewinnen unserer Individualität und Unabhängigkeit, wird in den meisten Fällen viel Mut und Vertrauen verlangen. Aber in den dunkelsten Stunden, wenn der Erfolg geradezu unmöglich scheint, wollen wir immer daran denken, dass Gottes Kinder sich niemals fürchten sollten und dass unsere Seelen uns nur solche Aufgaben anvertrauen, die wir erfüllen können. Mit dem Mut und Vertrauen auf die innewohnende Göttlichkeit muss der Sieg all jenen zuteil werden, die nicht ablassen, danach zu streben.

LIEBE UND EINHEIT SIND DIE FUNDAMENTE UNSERER SCHÖPFUNG

Wenn wir, liebe Brüder und Schwestern, nun erkennen, dass Liebe und Einheit die großen Fundamente unserer Schöpfung sind, dass wir selbst Kinder der göttlichen Liebe sind und dass der ewige Sieg über alles Falsche und alles Leiden durch Sanftheit und Liebe zu erreichen ist – wenn wir all dieses erkennen, wo finden wir in diesem Bild der Schönheit dann noch einen Platz für Vivisektion und Tierversuche? Sind wir denn immer noch so primitiv, so heidnisch zu glauben, dass wir uns durch Tieropfer vor den Folgen unserer eigenen Fehler und Schwächen retten könnten? Vor zweieinhalb Jahrtausenden zeigte Buddha der Welt, dass es falsch ist, andere Geschöpfe zu opfern. Die Menschheit steht schon tief in der Schuld des Tierreiches, dessen Angehörige sie gequält und vernichtet hat. Daraus können nur Schaden und Schmerzen für Menschen wie Tiere erwachsen, niemals Nutzen oder Vorteile. Wie weit haben wir im Westen uns von jenen schönen Idealen unserer Mutter, dem alten Indien, entfernt, als die Liebe zu den Geschöpfen der Erde so groß war, dass Menschen ausgebildet und begabt dazu waren, sich nicht nur um die Krankheiten und Verletzungen der Säugetiere, sondern auch der Vögel zu kümmern. Darüber hinaus gab es große heilige Zufluchtsstätten für Lebewesen aller Art, und die Menschen waren so sehr gegen das Verletzen einer niederen Kultur, dass jedem, der auf Jagd ging, die ärztliche Hilfe verweigert wurde, wenn er selbst krank war, bis er gelobte, solchen Praktiken zu entsagen.

Wir wollen die Menschen nicht verurteilen, die die Vivisektion durchführen, denn viele von ihnen arbeiten mit wahrhaft humanitären Absichten in dem Hoffen und Bestreben, einen Weg zur Linderung des menschlichen Leidens zu finden. Ihre Motivation mag gut sein, aber ihre Weisheit lässt zu wünschen übrig, und sie haben nur wenig Einsicht in den Grund des Lebens. Die Motivation jedoch, wie richtig sie auch sei, ist nicht genug; sie muss mit Weisheit und Wissen verbunden sein.

Von den Schrecknissen der Tierversuche, die mit Schwarzer Magie verwandt sind, wollen wir nicht erst schreiben, sondern jedes Menschenwesen anflehen, sie als zehntausendmal schlimmer als jede Plage zu meiden, denn sie sind eine Sünde gegen Gott, Mensch und Tier.

Abgesehen von diesen ein oder zwei Ausnahmen gibt es keinen Grund, sich mit dem Versagen der modernen medizinischen Wissenschaft länger aufzuhalten. Zerstörung ist unnütz, solange wir nicht ein besseres Gebäude neu errichten, und da in der Medizin die Fundamente für das neuere Gebäude bereits gelegt sind, soll unsere Aufmerksamkeit darauf gerichtet sein, diesem Tempel ein oder zwei Steine hinzuzufügen. Auch die ablehnende Kritik an der heutigen Berufsausbildung hat keinen Wert: Es ist vor allem das System, das falsch ist, und nicht die Menschen. Das System mit seinen wirtschaftlichen Zwängen lässt dem Arzt nicht die nötige Zeit für eine ruhige, friedliche Behandlung und nicht die Gelegenheit zur notwendigen Meditation, Besinnung und Dankbarkeit, die jeder braucht, der sein Leben dem Dienst an Kranken widmet. Wie schon Paracelsus sagte, kümmert sich der weise Arzt um fünf, nicht um fünfzehn Patienten am Tag – ein Ideal, das in unserer Zeit für den durchschnittlichen praktischen Arzt nicht erreichbar ist.

Das Heraufdämmern einer neuen und besseren Heilkunst steht uns bevor. Vor über hundert Jahren war die Homöopathie Hahnemanns der erste morgendliche Lichtstrahl nach einer langen Nacht der Finsternis, und sie kann in der Medizin der Zukunft eine große Rolle spielen. Weiterhin ist die Aufmerksamkeit, die man zur Zeit der Verbesserung der Lebensbedingungen und der Bereitstellung reinerer und sauberer Nahrung widmet, ein Fortschritt in Richtung auf die Verhütung von Krankheit. Und jene Bewegungen, die die Menschen auf die Zusammenhänge zwischen spirituellen Mängeln und Krankheiten sowie auf die Heilung, die durch Vervollkommnung des Geistes erreichbar ist, hinweisen, deuten uns den Weg zum Kommen jenes strahlenden Sonnenlichtes an, in dessen Glanz das Dunkel der Krankheit verschwinden wird.

Wir wollen daran denken, dass die Krankheit ein gemeinsamer Feind ist und dass jeder von uns, der auch nur einen Bruchteil von ihr besiegt, damit nicht nur sich selbst, sondern der ganzen Menschheit hilft. Eine bestimmte Energiemenge muss aufgewendet werden, bevor die Niederlage des Feindes besiegelt ist; jeder Einzelne von uns möge danach streben, dieses Ziel zu erreichen, und jene, die größer und stärker sind als die anderen, mögen nicht nur ihren Teil dazu beitragen, sondern auch ihren schwächeren Geschwistern materiell beistehen.

Es liegt auf der Hand, dass wir die Ausbreitung von Krankheit zuallererst dadurch verhindern können, dass wir aufhören, das zu tun, was ihre Macht ausweitet. Weiterhin gilt es, jene Mängel aus unserem eigenen Wesen zu entfernen, die ein weiteres Eindringen des Feindes ermöglichen. Das zu erreichen bedeutet wirklich den Sieg; wenn wir dann uns selbst befreit haben, besitzen wir die Freiheit, anderen zu helfen. Und dies ist nicht so schwierig, wie es auf den ersten Blick vielleicht erscheint. Es wird von uns nur erwartet, dass wir unser Bestes tun, und wir wissen, dass dies für uns alle möglich ist, wenn wir nur den Geboten unserer Seele folgen. Das Leben verlangt keine unvorstellbaren Opferleistungen von uns; wir sollen mit Freude im Herzen unseren Weg gehen und ein Segen sein für jene, die um uns sind, damit die Welt, wenn wir sie einmal verlassen, ein klein wenig besser durch uns geworden ist; dann haben wir unsere Aufgabe erfüllt.

Die Lehre der Religionen lautet, wenn wir sie recht verstehen: „Entsage allem und folge mir nach." Das bedeutet, dass wir uns selbst ganz und gar aufgeben sollen zugunsten der Gebote unseres höheren Selbst, nicht jedoch, wie manche sich vielleicht vorstellen könnten, dass wir Haus und Behaglichkeit, Liebe und Luxus aufgeben – dies hätte mit der Wahrheit nur sehr wenig zu tun. Der Fürst eines Reiches mit all der Herrlichkeit seines Palastes könnte ein Gottgesandter sein und ein Segen für sein Volk, für sein Land – ja, sogar für die Welt; und wie viel wäre verloren, hätte dieser Fürst sich eingebildet, seine Pflicht geböte es, sich in ein Kloster zurückzuziehen. In jedem Bereich des Lebens, vom niedrigsten bis zum höchsten, müssen Stellen besetzt werden, und der göttliche Führer unseres Schicksals weiß, an welchen Platz er uns zu unserem Besten stellen wird. Alles, was von uns erwartet wird, ist, dass wir unsere Aufgabe freudig und gut erfüllen. Es gibt Heilige in der Fabrik und im Maschinenraum eines Schiffes ebenso wie unter den Würdenträgern religiöser Orden. Keiner von uns hier auf Erden ist gefordert, mehr zu tun, als in seinen Kräften steht, und wenn wir trachten, das Beste in uns zu erlangen, und uns immer von unserem höheren Selbst leiten lassen, sind Gesundheit und Glück für jeden von uns erreichbar.

Die westliche Zivilisation ist während des größeren Teils der vergangenen zweitausend Jahre durch ein Zeitalter des tiefen Materialismus gegangen, und die Erkenntnis der spirituellen Seite unseres Wesens und Seins ging in jener Geisteshaltung weithin verloren, da sie weltlichen Besitz, Ehrgeiz, Lust und Vergnügen über die wahren Werte des Lebens stellte. Der eigentliche Grund der Existenz des Menschen auf Erden wurde verdeckt durch das Verlangen, aus seiner Inkarnation nichts als weltlichen Gewinn herauszuholen. Es war eine Zeit, in der das Leben sehr schwierig war, weil echter Trost, Ermutigung und Aufbau gefehlt haben, die durch das Erkennen größerer Dinge als weltlicher erwachsen. Während der letzten Jahrhunderte erschienen die Religionen vielen Menschen viel eher als Legenden, die keinen Bezug zum täglichen Leben hatten, statt der Mittelpunkt ihres Daseins zu sein. Anstatt jede unserer Handlungen zu lenken und anzuregen, hat uns das wahre Wesen unseres höheren Selbst, zu dem das Wissen um das frühere und das weitere Leben – unabhängig vom gegenwärtigen – gehört, nur sehr wenig bedeutet. Vielmehr haben wir die großen Dinge gemieden und versucht, uns das Leben so bequem wie möglich zu machen, indem wir das Metaphysische aus unserem Denken ausgeschlossen und uns ganz auf irdische Freuden gestützt haben, die uns als Ausgleich für alle Nöte und Schicksalsschläge dienen sollten. So sind Stellung, Rang, Wohlstand und weltlicher Besitz über die Jahrhunderte zum Ziel menschlichen Strebens geworden, und da all diese Dinge vergänglich sind und sich nur erwerben und festhalten lassen durch viel ängstliche Sorge und Konzentration auf materielle Dinge, sind der tatsächliche innere Frieden und das Glück der vergangenen Generationen unendlich weit unter das gesunken, was der Menschheit zusteht.

Der wahre Frieden von Seele und Gemüt ist mit uns, wenn wir geistig voranschreiten, und er lässt sich nicht allein erwerben durch Anhäufen weltlichen Wohlstandes, ganz gleich, wie groß dieser auch sei. Aber die Zeiten ändern sich, und es gibt zahlreiche Anzeichen dafür, dass unsere Zivilisation dabei ist, das Zeitalter des reinen Materialismus hinter sich zu lassen und sich den Realitäten und Wahrheiten des Universums zu öffnen. Das sich heute abzeichnende allgemeine und rasch anwachsende Interesse am Wissen um transzendente Wahrheiten, die zunehmende Zahl jener, die Informationen über das Leben vor und nach dem derzeitigen wünschen, die Etablierung von Methoden zur Krankheitsbekämpfung durch Glauben und geistige Mittel, die Suche nach antiken Lehren und der Weisheit des Ostens – all dies sind Anzeichen dafür, dass die Menschen unserer Zeit einen Schimmer der Realität der Dinge geschaut haben. Wenn wir dann zu Fragen der Heilkunde kommen, können wir verstehen, dass auch diese mit dem Wandel der Zeit Schritt halten muss. Statt der Methoden des großen Materialismus braucht sie die Methoden einer Wissenschaft, die auf der Realität der Wahrheit basiert und von den gleichen göttlichen Gesetzen gelenkt wird wie unser eigenes Wesen. Die Heilkunst wird aus der Domäne rein physischer Behandlungsmethoden des Körpers weiterschreiten zu spirituellem und mentalem Heilen. Durch Wiederherstellung der Harmonie zwischen Seele und Gemüt wird sie die Grundursache der Krankheit entfernen und dann auch jene physischen Mittel zulassen, die vielleicht noch notwendig sind, um die Heilung des Körpers zu vervollständigen.

Wenn der medizinische Berufsstand diese Fakten nicht erkennt und nicht mitgeht mit der wachsenden Geistigkeit der Menschen, ist es durchaus möglich, dass die Kunst des Heilens in die Hände religiöser Orden oder jener geborenen Heiler übergeht, die es in jeder Generation gibt, die aber bisher mehr oder weniger unauffällig gelebt haben und von der Einstellung der orthodoxen Mediziner daran gehindert wurden, ihrer natürlichen Berufung nachzugehen.

Somit wird der Arzt der Zukunft zwei große Ziele haben. Das erste wird sein, dem Patienten zur Kenntnis über sich selbst zu verhelfen und ihn auf die fundamentalen Fehler hinzuweisen, die er begehen kann, die Mängel seines Charakters, die er kurieren sollte, und die Unzulänglichkeiten in seinem Wesen, die ausgemerzt und durch die entgegengesetzten Tugenden ersetzt werden müssen. Solch ein Arzt muss sich eingehend mit dem Studium der Gesetze, die den Menschen beherrschen, sowie mit dem Wesen der Menschen selbst beschäftigen, damit er bei denen, die an ihn herantreten, jene Faktoren erkennen kann, die einen Konflikt zwischen der Seele und der Persönlichkeit hervorgerufen haben. Er muss imstande sein, dem Leidenden zu raten, wie er am besten die erforderliche Harmonie herstellen kann, welche Arten des Handelns gegen die Einheit er aufgeben und welche notwendigen Tugenden er entwickeln muss, um seine Fehler auszugleichen. Jeder einzelne Fall wird eine sorgfältige Betrachtung erfordern, und nur jene, die einen großen Teil ihres Lebens dem Studium des Menschen gewidmet haben und deren Herz von dem Verlangen zu helfen erfüllt ist, werden diesen herrlichen und göttlichen Dienst für die Menschheit erfüllen können; die Augen des Leidenden zu öffnen und ihn über den Grund seines Seins aufzuklären, ihm Hoffnung zu vermitteln, Trost zu spenden und Vertrauen zu wecken, die ihm helfen werden, seine Krankheit zu besiegen.

Die zweite Pflicht des Arztes wird darin bestehen, solche Heilmittel zu verabfolgen, die dem materiellen Körper helfen, Kraft zu gewinnen, und dem Geist helfen, ruhig zu werden, seinen Horizont zu weiten und nach Vollkommenheit zu streben; die also Frieden und Harmonie in die ganze Persönlichkeit einkehren lassen. Solche Heilmittel gibt es in der Natur, wo sie die Gnade des göttlichen Schöpfers zu Heilung und Trost der Menschheit entstehen ließ. Einige dieser Heilmittel sind bekannt, und weitere werden zur Zeit von Ärzten in verschiedenen Teilen der Welt gesucht, besonders in unserer Mutter Indien. Es besteht kein Zweifel daran, dass wir im Zuge dieser Forschungen viel von dem Wissen, das schon vor über zweitausend Jahren bekannt war, zurückgewinnen werden. Der Heiler der Zukunft wird wieder die wunderbaren, natürlichen Heilmittel zu seiner Verfügung haben, die dem Menschen von Gottes Hand geschenkt wurden, um seine Krankheit zu heilen.

Somit wird das Verschwinden der Krankheit davon abhängen, dass der Mensch die Wahrheit der unveränderlichen Gesetze unseres Universums erkennt und sich selbst in

Demut und Gehorsam nach diesen Gesetzen richtet. So wird er Frieden schaffen mit seiner Seele, woraus ihm wahre Freude und echtes Glück im Leben erwachsen werden. Der Arzt wird dann die Aufgabe haben, jedem Leidenden zur Erkenntnis der Wahrheit zu verhelfen und ihm die Wege zu weisen, auf denen er zur Harmonie gelangen kann. Er wird ihm das gläubige Vertrauen auf seine innewohnende Göttlichkeit geben, die alles überwinden kann, und ihm solche Mittel verabreichen, die zur Harmonisierung der Persönlichkeit und zur Heilung des Körpers beitragen.

WIE KÖNNEN WIR UNS SELBST HELFEN?

Damit kommen wir zu der alles entscheidenden Frage; Wie können wir uns selbst helfen? Wie können wir unseren Geist und Körper in jenem Zustand der Harmonie erhalten, der es der Krankheit schwer oder unmöglich macht, uns anzugreifen – denn es ist gewiss, dass eine Persönlichkeit ohne Konflikte gegen Krankheiten immun ist.

Betrachten wir zunächst den Geist. Wir haben schon ausführlich darüber gesprochen, dass es notwendig ist, in sich nach den Fehlern zu forschen, durch die wir gegen die Einheit handeln und die Harmonie mit den Geboten der Seele verlieren, und diese Fehler auszumerzen, indem wir die entgegengesetzten Tugenden entwickeln. Das ist möglich nach den Richtlinien, die bereits aufgezeigt wurden, und eine ehrliche Selbstprüfung wird uns die Art und Beschaffenheit unserer Fehler enthüllen. Unsere geistigen Ratgeber, unsere wahren Ärzte und nahen Freunde sollten uns verhelfen können, ein wahrheitsgemäßes Bild von uns selbst zu gewinnen, aber die optimale Methode, Klarheit zu finden, ist ruhiges Nachsinnen und Meditation. Wir begeben uns dabei in eine Atmosphäre des Friedens, so dass unsere Seele durch die Stimme des Gewissens und der Intuition zu uns sprechen kann und uns nach ihren Wünschen anzuleiten vermag. Wir sollten uns nur ein wenig Zeit jeden Tag dafür nehmen, in der wir ganz allein und in möglichst stiller Umgebung sind, ungestört bleiben und einfach still dasitzen oder liegen und entweder unseren Geist leer werden lassen oder ruhig an unsere Aufgabe im Leben denken. Dann werden wir nach einiger Zeit feststellen, dass wir in solchen Augenblicken große Hilfe erhalten und blitzartige Erkenntnisse und innere Weisungen aufnehmen. Wir können beobachten, dass die Fragen nach den schwierigen Problemen im Leben unfehlbar beantwortet werden, und wir können voll Vertrauen die Wahl des rechten Weges treffen. Während solcher Zeiten der Stille sollten wir den aufrichtigen Wunsch im Herzen tragen, der Menschheit zu dienen und nach den Geboten unserer Seele zu handeln.

Es sei daran erinnert; Wenn der Fehler gefunden ist, besteht das Heilmittel nicht darin, dass man ihn bekämpft oder Willenskraft aufwendet und Energie, um das Falsche zu unterdrücken, sondern in einer steten Entwicklung der entgegengesetzten Tugend, die automatisch alle Spuren des Feindes aus unserem Wesen beseitigt. Das ist die wahre und natürliche Methode des Fortschritts und des Sieges über das Falsche; sie ist bei weitem einfacher und wirksamer als der Kampf gegen einen bestimmten Fehler. Gegen einen Mangel zu kämpfen heißt, seine Macht zu stärken; das hält unsere Aufmerksamkeit auf seine Anwesenheit gerichtet und verwickelt uns tatsächlich in den Kampf. Das meiste, was wir an Erfolg dann erwarten können, ist ein Sieg durch Unterdrückung, der doch alles andere als befriedigt, da der Feind noch immer bei uns ist und sich, wenn wir einen Augenblick Schwäche zeigen, von neuem erheben kann. Den Mangel zu vergessen und bewusst danach zu streben, die Tugend auszubilden, die ihn unmöglich machen wird, ist der echte Weg zum Sieg.

Findet sich zum Beispiel Grausamkeit in unserem Wesen, könnten wir unaufhörlich sagen: „Ich will nicht grausam sein!" und uns so davon abhalten, in dieser Beziehung einen Fehler zu machen. Der Erfolg dieser Methode hängt aber davon ab, wie stark wir mit unserem Denken sind, und sollte unser Vorsatz einmal nachlassen, so könnten wir ihn einen Augenblick aus dem Sinn verlieren. Wenn wir aber echte Sympathie zu unseren Mitmenschen entwickeln, dann wird diese Tugend ein für allemal jegliche Grausamkeit unmöglich machen, da wir entsetzt vor ihr zurückweichen aufgrund unseres Empfindens für die Mitmenschen. Dabei handelt es sich nicht um Unterdrückung oder Verdrängung, und kein verborgener Feind kann aus seinem Versteck hervorkommen, wenn wir einmal nicht auf der Hut sind, weil unsere Sympathie die Möglichkeit jeder Haltung, die einen anderen verletzen könnte, ganz und gar aus unserem Wesen ausgemerzt hat.

Wie wir schon zuvor gesehen haben, wird die Art unserer körperlichen Krankheit dazu beitragen, uns auf die mentale Disharmonie hinzuweisen, die die Grundursache für ihre Entstehung ist. Ein weiterer wichtiger Faktor des Erfolgs ist, dass wir Lust am Leben haben und unser Hiersein nicht nur als eine Pflicht ansehen, die wir mit soviel Geduld wie möglich zu ertragen haben, sondern eine wirkliche Freude am Abenteuer unserer Reise durch diese Welt entwickeln.

Vielleicht eine der größten Tragödien des Materialismus ist die Entwicklung von Langeweile und der Verlust wahren inneren Glücks. Der Materialismus lehrt die Menschen, Zufriedenheit und Ausgleich für ihre Schwierigkeiten in irdischen Vergnügungen und Freuden zu suchen. Diese jedoch vermögen nie mehr als nur zeitweiliges Vergessen unserer Probleme zu verschaffen. Wenn wir einmal anfangen, den Ausgleich für unsere Nöte aus der Hand des bezahlten Hofnarren zu suchen, setzen wir einen Teufelskreis in Bewegung. Amüsement, Unterhaltung und Leichtfertigkeit sind für uns alle gut, aber nicht, wenn wir uns ständig darauf verlassen, dass sie uns von allen Schwierigkeiten befreien. Weltliche Vergnügen jeder Art müssen in ihrer Intensität dauernd gesteigert werden, um weiterhin zu fesseln, und was gestern noch Spannung erzeugte, ist morgen schon langweilig. So gehen wir auf die Suche nach anderen, stärkeren Erregungen, bis wir übersättigt sind und auch aus diesen keine weitere Hilfe mehr erlangen. Auf die eine oder andere Weise macht das Vertrauen auf weltliche Zerstreuung aus jedem von uns einen Faust. Auch wenn wir es vielleicht bewusst nicht ganz erkennen, wird das Leben für uns nur wenig mehr als eine zu erduldende Pflicht – und all seine wahre Lust und Freude, wie sie das Erbe eines jeden Kindes sein und bis in unsere letzten Stunden aufrechterhalten bleiben sollten, verlassen uns. Ein extremes Stadium haben wir heute mit den wissenschaftlichen Bemühungen um eine Verjüngung erreicht, um die Verlängerung des natürlichen Lebens und eine Steigerung sinnlicher Vergnügungen durch teuflische Praktiken.

Der Zustand der Langeweile ist verantwortlich dafür, dass wir viel mehr Krankheit in uns hereinlassen, als man allgemein erkennt, und da dies heutzutage schon recht früh im Leben beginnt, werden diese hereingelassenen Krankheiten schon in frühem Lebensalter sichtbar. Ein solcher Zustand kann nicht eintreten, wenn wir die Wahrheit unserer Göttlichkeit anerkennen – unserer Sendung in der Welt – und damit die Freude besitzen, Erfahrungen zu sammeln und anderen zu helfen. Das Gegenmittel zur Langeweile ist ein aktives und lebhaftes Interesse an allen, die um uns sind, eine Beschäftigung mit dem Leben, mit unseren Mitmenschen und mit den Begebenheiten. Es gilt, die Wahrheit zu erkennen, die hinter allem steht, uns selbst zu verlieren, um Wissen und Erfahrung zu gewinnen, und nach Gelegenheiten Ausschau zu halten, bei denen wir das Gelernte zum Wohle eines Mitreisenden einsetzen können. So wird jeder Augenblick unserer Arbeit und unseres Spiels den Eifer zu lernen mit sich bringen, das Verlangen, wahre Dinge zu erleben, echte Abenteuer und Handlungen, die den Einsatz wert sind. Während wir diese Fähigkeiten entwickeln, werden wir feststellen, dass wir die Kraft wiedererlangen, Freude aus den kleinsten Begebenheiten zu erfahren, aus Geschehnissen, die wir früher als selbstverständlich, als alltäglich und belanglos betrachtet haben und die uns nun zu einem Anlass werden, weiter zu forschen und zu erleben. In den einfachsten Dingen des Lebens nämlich – den einfachen, weil sie der großen Wahrheit näher sind – ist die wahre Freude zu finden.

Resignation macht einen zum bloßen unaufmerksamen Passagier auf der Reise des Lebens und öffnet die Tür für unzählige widrige Einflüsse, die nie Zutritt erlangen könnten, solange unser tägliches Leben den Geist und die Freude des Abenteuers widerspiegelt. Ganz gleich, an welchen Platz wir gestellt sind, ob als Arbeiter in eine Stadt mit ihren wimmelnden Menschenmassen oder als einsamer Schafhirte auf die Berge: Wir wollen uns bemühen, Gleichgültigkeit in Interesse zu verwandeln, stumpfsinnige Pflicht in eine fröhliche Erfahrung und das tägliche Leben in ein intensives Studium der Menschen und der großen, fundamentalen Gesetze des Universums. An jedem Platz gibt es reichlich Gelegenheit, die Gesetze der Schöpfung zu beobachten, sei es nun in den Bergen und Tälern oder mitten unter den Menschen. Lasst uns zuerst das Leben in ein ungemein fesselndes Abenteuer verwandeln, in dem es keine Langeweile mehr geben kann, und aus dem so gewonnenen Wissen heraus danach streben, unseren Geist in Harmonie mit unserer Seele zu bringen und mit der großen Einheit der Schöpfung Gottes.

Eine weitere fundamentale Hilfe für uns ist, alle Angst abzulegen. Angst hat in Wirklichkeit keinen Platz im natürlichen Menschenreich, da die uns innewohnende Göttlichkeit, die unser Selbst ist, unbesiegbar und unsterblich ist. Wenn wir das erkennen, gibt es nichts mehr, vor dem wir uns als Kinder Gottes zu fürchten brauchen! In materialistischen Zeiten wächst die Angst natürlich mit den irdischen Besitztümern, seien es solche des Körpers selbst oder äußerer Reichtum. Wenn unsere Welt aus solchen Dingen besteht, die so vergänglich sind, so schwierig zu erlangen und so unmöglich, auch nur kurze Zeit festzuhalten, dann veranlasst uns das zur höchsten Besorgnis: Wir könnten eine Gelegenheit versäumen, sie festzuhalten. So müssen wir notwendigerweise in einem ständigen Zustand der Angst leben, sei er uns bewusst oder nicht. Denn wir wissen in unserem inneren Selbst, dass solche Besitztümer jeden Augenblick wieder von uns genommen werden könnten; wir können sie ohnehin höchstens ein kurzes Menschenleben lang festhalten.

In unserer Zeit hat sich die Furcht vor Krankheit entwickelt, bis sie zu einer mächtigen, schädlichen Kraft geworden ist, die jenen Dingen, die wir fürchten, Tür und Tor öffnet und ihnen das Eindringen erleichtert. Solche Angst beruht in Wirklichkeit nur auf Selbstsucht, denn wenn wir ernsthaft um das Wohl anderer bemüht sind, gibt es keine Zeit, sich noch um persönliche Leiden Kummer zu machen. Die Angst spielt heutzutage eine sehr wichtige Rolle bei der Verbreitung von Krankheit, und die moderne Wissenschaft hat die Herrschaft des Schreckens noch ausgebreitet, indem sie Entdeckungen in der breiten Öffentlichkeit bekanntmacht, die im derzeitigen Stadium bloße Halbwahrheiten sind. Die Kenntnisse über Bakterien und andere Krankheitserreger haben im Denken ungezählter Menschen ein Chaos angerichtet, und die Angst, die dadurch entstanden ist, hat sie viel anfälliger für Krankheiten werden lassen. Während niedere Formen des Lebens, zum Beispiel Bakterien, tatsächlich bei der Entstehung von Krankheiten eine Rolle spielen können, sind sie doch keinesfalls die ganze Wahrheit dieses Problems, wie man wissenschaftlich oder durch alltägliche Ereignisse beweisen kann.

Es gibt nämlich einen Faktor, den die Wissenschaft auf materiell-körperlicher Grundlage nicht erklären kann, und zwar warum manche Menschen von Krankheiten betroffen, andere aber unbehelligt bleiben, obwohl beide das gleiche Ansteckungsrisiko eingegangen sind. Die materialistische Denkweise übersieht, dass es einen Faktor jenseits der körperlichen Ebene gibt, der einen Menschen vor Krankheiten aller Art schützt oder ihn dafür anfällig macht. Die Angst, die unser Denken lähmt und damit Disharmonie in unserem materiellen und magnetischen Körper erzeugt, ebnet der Invasion den Weg. Wenn Bakterien und dergleichen materielle Dinge die sichere und einzige Ursache von Krankheit wären, dann hätten wir in der Tat allen Grund, uns zu fürchten. Wenn wir uns aber vor Augen halten, dass selbst bei den schlimmsten Seuchen nur ein Teil jener Menschen, die der Ansteckung ausgesetzt waren, tatsächlich erkrankt und dass – wie wir gesehen haben – die wahre Ursache der Krankheit in unserer eigenen Persönlichkeit und damit in unserer Kontrolle liegt, dann dürfen wir ohne Angst und Furcht einhergehen in dem Wissen, dass wir das Heilmittel in uns haben. Wir können alle Angst vor den rein materiellen Krankheitsursachen aus unserem Denken verbannen, indem wir uns klarmachen, dass solche Angst uns nur anfällig macht. Wenn wir uns bemühen, Harmonie in unserer Persönlichkeit zu schaffen, brauchen wir uns nicht mehr Sorge um Krankheiten zu machen, als wir uns fürchten, vom Blitz erschlagen oder von einem Stück eines niedergehenden Meteoriten getroffen zu werden.

Wenden wir uns nun der Betrachtung des physischen Körpers zu. Wir dürfen nie vergessen, dass dieser nur die irdische Wohnstatt der Seele ist, in der wir uns kurze Zeit aufhalten, um Erfahrung und Wissen in der Welt zu erwerben. Ohne uns allzu sehr mit unserem Körper zu identifizieren, sollten wir ihn mit Achtung und Sorgfalt behandeln, damit er gesund bleibt und lange genug aushält, um unsere Arbeit zu tun. Keinen Augenblick jedoch wollen wir ihn zu sehr beachten oder uns gar in ihm verlieren, sondern lernen, seiner Existenz sowenig bewusst zu sein wie möglich. Wir wollen den Körper als Gefährt unserer Seele gebrauchen und als Diener, der unseren Willen ausführt.

Äußere und innere Reinlichkeit sind von großer Bedeutung. Für die erstere benutzen wir im Westen im Allgemeinen zu heißes Wasser; es öffnet die Poren der Haut und lässt Schmutz herein. Darüber hinaus lässt der übertriebene Gebrauch von Seife die Hautoberfläche empfindlich werden und greift sie an. Kühles oder lauwarmes Wasser, sei es als Dusche oder als frisches Badewasser, ist natürlicher und hält den Körper gesünder. Es sollte nur so viel Seife benutzt werden, wie notwendig ist, um offensichtlichen Schmutz abzulösen, und die Seife sollte man danach mit frischem Wasser abwaschen.

Innere Reinlichkeit hängt von der Ernährung ab, und wir sollten all das auswählen, was sauber und naturbelassen ist und so frisch wie möglich, vor allem Obst, Gemüse und Nüsse. Tierisches Fleisch sollte man auf jeden Fall vermeiden, weil es viele Stoffwechselgifte im Leib entstehen lässt, zweitens, weil es einen unnormalen und übermäßigen Appetit anregt, und drittens, weil es Grausamkeit gegen das Tierreich verlangt. Reichlich Flüssigkeit sollten wir zu uns nehmen, um den Körper zu reinigen, das heißt Wasser und natürliche Weine und andere Erzeugnisse direkt aus der Natur unter Vermeidung aller künstlich hergestellten Getränke.

Der Schlaf sollte nicht übertrieben lang sein, da viele von uns mehr Kontrolle über sich haben, während sie wach sind, als wenn sie schlafen. Die alte Redensart, „Statt dich noch mal umzudrehn, ist es besser aufzustehn!" ist eine hervorragende Richtlinie.

Die Kleidung sollte an Gewicht leicht sein, wie es die Temperatur zulässt, sie sollte frische Luft an den Körper lassen, und Sonnenschein und frische Luft sollten überhaupt sooft wie möglich die Haut direkt erreichen. Wasser- und Sonnenbäder spenden sehr viel Gesundheit und Vitalität.

Heiterkeit in allen Dingen sollte unterstützt werden, und wir sollten uns nie von Zweifeln und Niedergeschlagenheit bedrücken lassen. Statt dessen wollen wir uns daran erinnern, dass diese nicht aus uns selbst stammen, denn unsere Seele kennt allein Freude und Glück.

HEILMITTEL, DIE UNSEREN MENTALEN UND PHYSISCHEN LEIB STÄRKEN

Wir sehen somit, dass unser Sieg über die Krankheit hauptsächlich von folgendem abhängt; erstens der Erkenntnis der unserem Wesen innewohnenden Göttlichkeit und daher unserer Macht, alles Falsche zu überwinden; zweitens dem Wissen, dass die Grundursache aller Krankheit zurückzuführen ist auf Disharmonie zwischen Persönlichkeit und Seele: drittens unserer Bereitschaft und Fähigkeit, den Fehler zu entdecken, der einen solchen Konflikt verursacht und viertens der Beseitigung jedes solchen Fehlers durch Entwicklung der ihm entgegengesetzten Tugend.

Die Aufgabe der Heilkunst wird es sein, uns das notwendige Wissen und die Mittel zu geben, durch die wir unsere Krankheiten überwinden können, und darüber hinaus jene Heilmittel zu verabfolgen, die unseren mentalen und physischen Leib stärken und uns damit größere Möglichkeiten zum Sieg verschaffen. Dann werden wir in der Tat in der Lage sein, die Krankheit an ihrer Wurzel zu packen und dabei echte Hoffnung auf Erfolg zu haben. Die Medizin der Zukunft wird sich nicht mehr vornehmlich mit den äußerlichen Resultaten und Symptomen von Krankheit beschäftigen oder den akuten körperlichen Schäden soviel Aufmerksamkeit schenken wie bisher. Sie wird auch nicht Drogen und Chemikalien allein zum Zwecke der Betäubung unserer Symptome verschreiben. In dem Wissen um die wahre Ursache der Krankheit und in der Erkenntnis, dass die sichtbaren körperlichen Anzeichen nur sekundär sind, wird sie ihre Bemühungen darauf konzentrieren, dass jene Harmonie zwischen Körper, Geist und Seele geschaffen wird, die Linderung und Heilung der Krankheit nach sich zieht. Und in allen Fällen, die rechtzeitig genug behandelt werden, wird die Korrektur im Bereich des Geistes verhindern, dass eine drohende Erkrankung überhaupt zum Ausbruch kommt.

Unter den verschiedenen Arten von Heilmitteln, die dann verwendet werden, werden sich solche befinden, die aus den schönsten Pflanzen und Kräutern gewonnen sind, die in der Apotheke der Natur wachsen und die aus göttlicher Hand mit Heilkräften angereichert sind für Geist und Körper des Menschen.

Wir müssen unsererseits Frieden, Harmonie, Individualität und Zielstrebigkeit üben und in zunehmendem Maße das Wissen in uns entwickeln, dass wir unserem Wesenskern nach göttlichen Ursprungs sind, Kinder des Schöpfers. Wir haben die Kraft in uns, die Vollkommenheit zu erreichen, wenn wir sie nur entfalten – was wir im Laufe der Zeit ohnehin tun müssen. Diese Erkenntnis muss in uns wachsen und zur Wirklichkeit werden, bis sie das herausragendste Merkmal unseres Daseins ist. Wir müssen beständig Frieden üben und uns vorstellen, dass unser Denken einem See gleicht, dessen Oberfläche immer still und unbewegt und ungestört bleibt. Allmählich entwickeln wir diesen Zustand des Friedens, bis kein Ereignis im Leben, kein Umstand, keine andere Persönlichkeit unter irgendeiner Bedingung mehr in der Lage ist, die Oberfläche dieses Sees zu bewegen oder Gefühle wie Gereiztheit, Niedergeschlagenheit oder Zweifel in uns aufsteigen zu lassen. Es wird uns wesentlich helfen, wenn wir jeden Tag eine kurze Zeit reservieren, in der wir über die Schönheit des Friedens und die Vorzüge der Ruhe nachdenken und erkennen, dass wir weder durch Sorgen noch durch Hetzen etwas erreichen, sondern durch ruhiges, stilles Denken und Handeln mit allem Beginnen mehr Erfolg haben. Unser Verhalten in diesem Leben in Übereinstimmung zu bringen mit den Wünschen unserer Seele und in einem Zustand des Friedens so zu leben, dass die Unruhen und Störungen der Welt uns unbewegt lassen, ist wirklich eine große Errungenschaft und bringt uns jenen Frieden, der höher ist als alle Vernunft. Auch wenn dies zuerst über unsere kühnsten Träume hinauszugehen scheint, ist es – wenn wir Geduld und Ausdauer aufbringen – doch im Bereich dessen, was jeder von uns erlangen kann.

Nicht von allen wird verlangt, Heilige oder Märtyrer zu sein oder berühmt zu werden; den meisten von uns sind weniger auffällige Positionen zugewiesen. Aber von jedem wird erwartet, dass er die Freude und das Abenteuer des Lebens versteht und mit Heiterkeit die Aufgabe erfüllt, die ihm von der Göttlichkeit im Innern zugeordnet wurde.

Für jene, die krank sind, bedeuten innerer Frieden und Harmonie mit der Seele die größte Hilfe zur Genesung. Die Medizin und Krankenpflege der Zukunft werden der

Förderung dieser Aspekte beim Patienten viel mehr Aufmerksamkeit schenken, als wir es heute tun in einer Zeit, in der wir den Verlauf einer Krankengeschichte nicht anders als mit materialistischen Begriffen beurteilen können. Wir denken mehr an häufige Messungen der Körpertemperatur und andere Maßnahmen, die den Patienten eher stören, als der stillen Ruhe und Entspannung von Körper und Geist förderlich sind und so wesentlich zur Genesung beitragen. Es steht außer Zweifel, dass wir – wenn es uns gelingt, bei den ersten Anzeichen einer leichten Erkrankung auch nur einige wenige Stunden völliger Entspannung zu erreichen und in Harmonie mit unserem höheren Selbst zu gelangen – die Krankheit am Ausbruch hindern könnten. Wir brauchen dazu ja nur einen Bruchteil der Ruhe, die Christus seinen Jüngern in das Boot mitbrachte, als er der stürmischen See befahl: „Schweig und verstumme."

Unsere Einstellung zum Leben hängt von der Nähe unserer Persönlichkeit zur Seele ab. Je enger die Einheit ist, desto größer sind Harmonie und Frieden; desto klarer wird das Licht der Wahrheit scheinen und das strahlende Glück, das aus der Höhe stammt. Diese werden uns Beständigkeit geben und Festigkeit gegen die Schwierigkeiten und Schrecken der Welt, da sie ihre Wurzeln in der ewigen Wahrheit des Guten haben. Die Kenntnis der Wahrheit gibt uns die Gewissheit, dass die Ereignisse in der Welt, wie tragisch sie auch erscheinen mögen, doch nur ein vorübergehendes Stadium kennzeichnen in der Evolution des Menschen. Selbst die Krankheit ist an sich wohltätig und wirkt im Rahmen gewisser Gesetze, die letztlich Gutes hervorbringen sollen und einen ständigen Druck und Anreiz in Richtung Vollendung ausüben. Wer dieses Wissen besitzt, kann von Geschehnissen, die für andere eine Belastung sind, nicht berührt, niedergedrückt oder erschüttert werden, und alle Unsicherheit, Angst und Verzweiflung verschwinden für immer. Wenn wir nur einen ständigen Kontakt, eine dauernde Einheit mit unserer eigenen Seele aufrechterhalten können, mit unserem himmlischen Vater, dann ist die Welt tatsächlich ein Ort der Freude, und kein schädlicher Einfluss kann uns erreichen.

Es ist uns nicht gestattet, die Größe unserer eigenen Göttlichkeit zu sehen oder die Großartigkeit unserer Bestimmung und der herrlichen Zukunft zu schauen, die vor uns liegt. Wenn wir das könnten, wäre das Leben keine Prüfung mehr, würde keine

Anstrengung mehr verlangen und uns nicht mehr fordern. Unsere Tugend liegt darin, dass wir dem größten Teil jener gewaltigen Dinge gegenüber blind sind und doch das Vertrauen, den Glauben und den Mut haben, ein gutes Leben und die Schwierigkeiten dieser Erde zu meistern. Durch die Kommunion mit unserem höheren Selbst können wir jedoch jene Harmonie aufrechterhalten, durch die wir alle weltlichen Widerstände fortsetzen und unser Schicksal erfüllen, ohne uns von den Einflüssen erschrecken zu lassen, die uns in die Irre leiten wollen.

Als nächstes müssen wir Individualität entwickeln und uns von allen weltlichen Einflüssen frei machen, damit wir nur den Geboten unserer eigenen Seele folgen. Wir dürfen uns von Umständen oder anderen Menschen nicht berühren lassen, damit wir unsere eigenen Herren werden und unsere Barke über die raue See des Lebens steuern, ohne je das Ruder der Redlichkeit zu verlassen oder das Steuer unseres Schiffes fremden Händen zu überlassen. Wir müssen absolute und vollständige Freiheit gewinnen, so dass alles, was wir tun, jede Handlung – ja selbst jeder unserer Gedanken – seinen Ursprung in uns selbst hat. Dann können wir frei aus eigenem Antrieb leben und geben, aus eigenem Antrieb allein.

Unsere größte Schwierigkeit in dieser Hinsicht besteht in der Verbindung mit jenen, die uns in dieser Zeit am nächsten stehen, da die Ehrfurcht vor Konventionen, falschen Maßstäben und Pflichtgefühlen so erschreckend weit reicht. Aber wir müssen unseren Mut steigern, der doch bei den meisten von uns groß genug ist, um scheinbar großen Dingen im Leben entgegenzutreten, dann jedoch versagt, wenn es um die Prüfungen im kleinen eigenen Bereich geht. Wir müssen fähig werden, unparteiisch zu bestimmen, was richtig oder falsch für uns ist, um in der Gegenwart eines Verwandten oder Freundes furchtlos zu handeln. Wie viele von uns sind große Helden in der äußeren Welt, aber Feiglinge zu Hause! Die Mittel, mit denen wir an der Erfüllung unseres Schicksals gehindert werden sollen, mögen sehr subtil sein – zum Beispiel die Vorspiegelung von Liebe und Zuneigung, ein falsches Pflichtgefühl, Methoden, die uns versklaven und fesseln an die Wünsche anderer; sie alle müssen erbarmungslos beseitigt werden. Die Stimme unserer eigenen Seele, und allein sie, muss beachtet werden, wenn es um unsere Aufgabe geht und wir uns nicht von den Menschen unserer Umgebung behindern lassen wollen. Die Individualität muss bis zum äußersten entwickelt werden; wir müssen lernen, uns im Leben auf nichts anderes als auf Geleit, Weisung und Hilfe von unserer Seele zu verlassen, unsere Freiheit mit beiden Händen zu ergreifen und in die Welt einzutauchen, um jedes Teilchen Wissen und Erfahrung zu gewinnen, das wir erreichen können.

Zugleich müssen wir aber auf der Hut sein, dass wir jedem anderen ebenfalls seine Freiheit lassen, nicht von anderen erwarten, sondern – im Gegenteil – immer bereit sind, ihnen eine Hand zu reichen, die ihnen aufhilft, wenn sie in Not und Schwierigkeiten sind. So wird jeder Mensch, dem wir im Laufe des Lebens begegnen – sei es Mutter, Mann, Kind, Fremder oder Freund –, zum Mitreisenden und jeder von ihnen kann in seiner eigenen geistigen Entwicklung weiter oder weniger weit sein als wir selbst. Alle sind wir aber Mitglieder einer gemeinsamen Bruderschaft und Teil einer großen Gemeinschaft, die die gleiche Reise mit dem gleichen herrlichen Ziel vor Augen angetreten hat.

Wir müssen standhaft in unserer Siegesgewissheit sein und unerschütterlich in dem Willen, den Berggipfel zu erreichen; keinen Augenblick wollen wir mit Bedauern über die Fehltritte auf unserem Wege vergeuden. Kein großer Aufstieg gelang je ohne Fehler und Rückschritte; wir müssen sie als Erfahrungen ansehen, die uns helfen, in Zukunft weniger häufig zu stolpern. Keine Gedanken an Irrtümer der Vergangenheit sollen uns je niederdrücken; sie sind vorbei und vergangen, aber das aus ihnen gewonnene Wissen wird uns helfen, ihre Wiederholung zu vermeiden. Wir müssen stetig voran- und aufwärtsschreiten, niemals etwas bedauern und niemals zurückblicken, denn selbst was erst eine Stunde hinter uns liegt, ist unwiderbringliche Vergangenheit, und die herrliche Zukunft liegt in strahlendem Licht vor uns. Alle Angst werfen wir von uns; sie sollte im menschlichen Gemüt nie einen Platz finden und ist nur möglich, wenn wir den Blick für unsere Göttlichkeit aus den Augen verlieren. Sie ist uns wesensfremd, weil wir, Kinder des Schöpfers und Funken des göttlichen Lebens, unbesiegbar sind, unzerstörbar und unbezwingbar. Krankheit erscheint uns grausam, weil sie falsches Denken und falsches

Tun bestraft, das zu Grausamkeit gegenüber anderen führt. Deshalb ist es notwendig, die Liebe und Geschwisterlichkeit in unserem Wesen zu entwickeln, denn diese werden Grausamkeit in Zukunft unmöglich machen.

Die Entwicklung der Liebe schenkt uns die Erkenntnis der Einheit, jener Wahrheit, dass jeder Einzelne von uns ein Teil der einen großen Schöpfung ist.

Die Ursache all unserer Schwierigkeiten – das Ich und die Absonderung – verschwindet, sobald die Liebe und das Wissen um die große Einheit Teil unseres Wesens werden. Das Universum ist das sichtbare Antlitz Gottes; bei seiner Geburt ist es der wiedergeborene Gott, bei seinem Ende der höherentwickelte Gott. Das gleiche gilt für den Menschen: Sein Körper ist sein veräußerlichtes Selbst, eine im Äußeren sichtbare Offenbarung seines inneren Wesens; er ist Ausdruck seiner Selbst, Materialisation der Eigenschaften seines Bewusstseins.

In unserer westlichen Zivilisation haben wir ein strahlendes Beispiel der Vollkommenheit in Christus und seinen Lehren, die uns leiten. Er dient uns allen als Mittler zwischen unserer Persönlichkeit und der Seele. Seine Sendung auf Erden war, uns zu lehren, wie wir Harmonie und Kommunion mit unserem höheren Selbst erreichen können, mit unserem Vater im Himmel, und wie wir dadurch zur Vollkommenheit gelangen können in Übereinstimmung mit dem Willen des großen Schöpfers aller Dinge.

So lehrten es auch Buddha und andere große Meister, die von Zeit zu Zeit auf die Erde kamen, um dem Menschen den Weg zur Vollendung zu zeigen. Es gibt keinen Kompromiss für die Menschheit. Die Wahrheit muss anerkannt werden, und der Mensch muss sich mit dem unendlichen Gesetz der Liebe seines Schöpfers vereinen.

Und so, meine Brüder und Schwestern, kommt heraus in das herrliche Sonnenlicht der Erkenntnis eurer Göttlichkeit, und macht euch ernsthaft und unbeirrt daran, euch in den großen Plan des Glückes und seiner Verbreitung einzufügen, gemeinsam mit jener großen Schar der weißen Bruderschaft, deren ganzes Dasein Gehorsam ist gegenüber dem Wunsche Gottes, und der es eine große Freude bedeutet, ihren jüngeren Geschwistern, den Menschen, zu dienen.

DIE BACHBLÜTEN UND IHRE WIRKUNG AUF DEN MENSCHEN

MARTIN SINZINGER

Sowohl die Heilmittel, als auch der medizinische Ansatz der Bachblüten-Therapie sind mit den Erklärungsweisen der Schulmedizin und dem, was heute als wissenschaftlich anerkannt ist, nicht erklärbar. In aller Regel setzt man als medizinisch wirksam einen Stoff, einen Stoffkomplex oder auch eine manuelle Intervention voraus, welche im stofflichen Körper des Kranken eine reproduzierbare Reaktion auslöst. Bei den Bachblüten ist nun, wie auch bei homöopathischen Präparaten, kein „stofflicher Wirkstoff" mehr nachweisbar. Es stimmt daher, dass die Wirkungsweise der Bachblüten auf der gewohnten stofflichen Ebene nicht erklärt werden kann. Die Aussage aber, dass damit die Unwirksamkeit „bewiesen" sei, ist dennoch unrichtig.

Wenn es aber keine Wirkstoffe gibt, wie lässt sich dann eine Wirksamkeit der Bachblüten-Therapie überhaupt erklären? Hier kann der Vergleich zu den Wirkungen, die eine freudige oder schreckliche Nachricht nach sich zieht, hilfreich sein. Rein physikalisch betrachtet ist ein gesprochenes Wort lediglich bewegte Luft, ein geschriebenes Wort nur eine Art graphisches Muster. Die Bedeutung der Worte und die damit in Verbindung stehende Wirkung entstehen erst im Bewusstsein des Menschen, der die Nachricht empfängt. Der Mensch entschlüsselt sich den Sinn und die Bedeutung einer Nachricht durch sein Bewusstsein und diesen Prozess der „Sinnbildung" im Bewusstsein kann man wohl treffend als „geistig" bezeichnen. Es ist eine geistige Tätigkeit, die den Sinn und die Bedeutung einer Nachricht erfassen und deuten kann. Den Menschen lediglich auf seinen Körper zu reduzieren und seinen „Bio-Chemismus" ohne Bezug zu nicht-stofflichen Realitäten verstehen zu wollen, scheint mir deshalb nicht zielführend.

Natürlich gehen mit jeder psychischen Regung auch Hormonausschüttungen, neuronale Aktivitäten etc. einher. Alles irdische Dasein scheint diesen physischen „Ankergrund" zu benötigen. Es stellt sich aber die durchaus ernste Frage nach Ursache und Wirkung, denn es liegt auf der Hand, dass weder Ideen, noch Beziehungen, dass weder Lebensziele noch Enttäuschungen, weder eine freudige noch eine schreckliche Nachricht eine primär stoffliche Basis aufweisen und dennoch körperlich höchst wirksam sind.

Aus dieser Warte betrachtet stellt sich deshalb nicht primär die Frage, welcher wirksame „Stoff" mit den Bachblüten transportiert wird, sondern viel mehr die Frage, welche Information oder Nachricht mit dem Leben und dem Werk Edward Bachs an den Betrachter herankommt. Welche Botschaft erreicht den Menschen, die schließlich die körperlichen Reaktionen der Heilung und Gesundheit hervorruft.

DIE ROLLE DES BEWUSSTSEINS

Um die Wirkung der Bachblüten-Therapie zu erklären wird häufig von „Energien" gesprochen. Schwingungen sollen sich beispielsweise mit den Tropfen auf den Körper übertragen. Da diese Angaben noch relativ ungenau und diffus sind, erscheint es sinnvoll, sich um eine genauere Betrachtung und um ein besseres Verständnis für die Prinzipien der Heilung zu bemühen.

Um diese Prinzipien zu verstehen, muss als Erstes die Rolle des Bewusstseins untersucht werden. Nehme ich beispielsweise die Tropfen ein, so kann ich mit Berechtigung sagen, sie sind wirksam, weil ich diese Wirksamkeit erfahren habe. Diese Erfahrung ist für mich empirisch und damit wahr. Für mich und für alle, die diese Erfahrung teilen, können dabei das „wie" und „warum" eigentlich ohne Bedeutung sein. Mir scheint es allerdings sinnvoll, jeden Lebensschritt nach Möglichkeit auch zu einem Schritt zu mehr Bewusstsein und Erkenntnis zu gestalten, weil damit ein mir sehr wichtig erscheinender Prozess der individuellen Stärkung in Beziehung steht.

Mit seinem Bewusstsein nimmt der Mensch nicht nur die Welt und sich selbst wahr, sondern durch sein Bewusstsein wirkt er immer auch auf sein Umfeld und damit auf die gesamten Bedingungen des Lebens ein. Aus geisteswissenschaftlicher Sicht ist aber dieses Bewusstsein nicht etwas, das im Nervensystem oder im Gehirn produziert wird. Das Bewusstsein ist nicht körperlich-stofflicher Art, sondern etwas, das auch außerhalb und unabhängig vom Körper existiert und das man deshalb in einer unsichtbaren und unwägbaren Ebene verorten muss. Das Bewusstsein stellt nach dieser Sichtweise bereits ein Phänomen dar, das auf rein materialistische Weise nicht schlüssig erklärt werden kann, dessen Existenz dennoch unzweifelhaft ist. Man kann das Bewusstsein durch dessen Äußerungen als Realität wahrnehmen. Die eigene Wahrnehmung, die Fähigkeit zum Denken und insbesondere die Möglichkeit, eigene Erfahrungen zu transzendieren, bezeugen sein Vorhandensein.

Dieses Zusammenspiel des nicht-stofflichen Bewusstseins mit dem stofflichen Körper lässt sich an einem weiteren Beispiel beobachten. Da sich die Stofflichkeit des Körpers im Laufe der Zeit vollständig austauscht, ist der Mensch eben keinesfalls ausschließlich – oder sogar überhaupt – Stofflichkeit, denn er bleibt ja vom Kind bis zum Greis eine sich zwar verändernde, dennoch dieselbe Person. Weil der Mensch in dieser Hinsicht gar nicht primär Stofflichkeit ist, wäre es geradezu unlogisch, anzunehmen, dass er allein auf stoffliche Einflüsse reagiert. Die tiefere heilende Wirkung muss deshalb viel mehr in Beziehung zu den unsichtbaren Ebenen des Menschseins gedacht werden, denn diese nehmen die Informationen und Botschaften aus der Umgebung auf und rufen erst in der Folge die körperlichen Reaktionen hervor. Der Stoff des Körpers wird gewechselt; dass in diesem Wandel die Person dennoch die Gleiche bleibt, liegt in den geheimnisvollen, organisierenden Kräften begründet, die wohl mehr der Philosophie als der rein materiell orientierten Physiologie zugänglich erscheinen.

DIE SEELE DES MENSCHEN

Die Gliederung des Menschen in *Körper, Seele* und *Geist* benennt diese Ebenen des Menschseins und ist wohl allgemein bekannt. Nimmt man nun Seele und Bewusstsein als annähernd synonyme Begriffe, so bemerkt man, dass eben dieses Bewusstsein von der Ebene des momentanen Gemütszustandes bis hin zu hohen Idealen und empathischen Gefühlen definiert werden kann. Entsprechend der Definition und auch entsprechend der individuellen Erfahrungen, die der Einzelne in seinem Leben errungen hat, variiert das „Menschenbild" wie auch die Selbstwahrnehmung auf eine sehr weite Weise.

Dem Begriff der Seele oder des Bewusstseins nähert man sich aber im Sinne Edward Bachs vor allem dann an, wenn man ihn tiefer interpretiert als die Ebene der Emotionen und der das subjektive Erleben bestimmenden Kräften von Sympathie und Antipathie. Die Emotionen beschreiben eine mehr oberflächliche, an die Körperlichkeit gebundene und damit vergängliche Ebene. Die tiefere Aktivkraft der Seele oder des Bewusstseins und der damit in Verbindung stehende tiefe Wunsch des Menschen nach Sinngebung im Leben orientiert sich über diese mehr alltäglichen Bewegungen hinaus.

Um die Vorstellung von Bewusstsein und Seele anspruchsvoller aufzubauen, kann man bedenken, was vom Menschen bleibt, wenn er den Körper ablegt, wenn er stirbt. Diese Überlegung zeigt sehr schnell, dass alles, was das „normale" Bewusstsein vorrangig bestimmt, mit dem Tod unwesentlich wird und damit für eine „ewige" Seele sehr relativ ist. Gleichzeitig beginnt man aber, die mehr stille, subtile und wie heimliche Ebene des Lebens mehr zu beachten, es entsteht z.B. ein Interesse für das Motiv einer Aussage, einer Tat, ja vielleicht eines gesamten Lebens.

Zur Seele des Menschen kann dann das gezählt werden, was ein Mensch an Idealen pflegte, was er über sein eigenes Wohl hinaus als allgemein menschliche Werte erstrebte, das, was unter einem weit verstandenen Humanismus, was an Bestreben zu Wahrheit und Aufrichtigkeit das Leben erfüllte. Als Seele in einem höheren Sinne kann man das benennen, was den Menschen motiviert, das Leben als allgemeines Gut wahrzunehmen, die Ideen vom „Schönen, Wahren und Guten" als tatsächliche Realitäten einer universalen und universellen Menschlichkeit zu erkennen und für sich zum individuellen Ziel zu nehmen.

DIE ÄTHERKRÄFTE ALS SCHÖPFERISCHE KRÄFTE DES LEBENS

Rudolf Steiner wie auch Heinz Grill beschreiben nun über die Gliederung von Körper, Seele und Geist hinausgehend eine Viergliederung des Menschen.

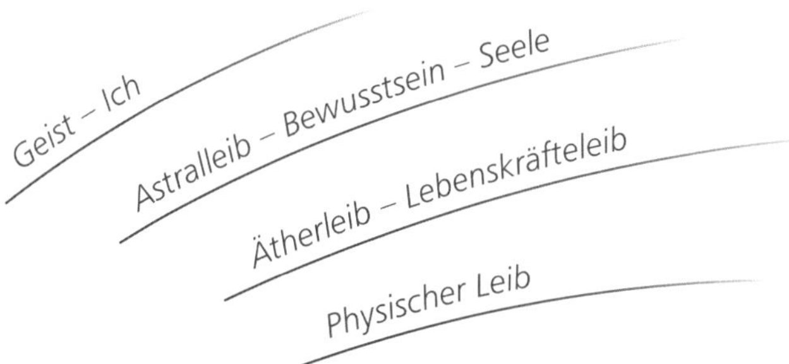

Das erste Glied stellt der Körper dar, er ist sichtbar und besteht aus Materie. Der Körper ist – auf seiner Ebene betrachtet – Materie, wie auch der Stein. Nun ist aber die Materie im Falle alles Lebendigen organisch geordnet, sie ist „organisiert" und belebt. Dieses Leben stellt eine eigene Ebene dar. Es müssen Kräfte eingreifen, damit die Materie eben nicht nur Materie unter dem Einfluss chemischer und physikalischer Kräfte ist, sondern als lebendiger Organismus gerade diese Kräfte überwindet. Diese spezifischen Kräfte werden in der „geistigen Wissenschaft" als „Lebens- oder Ätherkräfte" bezeichnet und formen den „Äther- oder Lebenskräftekörper".

Dieser unsichtbare Körper zeichnet alles Lebendige aus, er hebt und organisiert die Materie und sobald diese Kräfte an Einfluss verlieren, gleitet die Materie Richtung des für sie typischen Todes, der Auflösung, des Zerfalls. Mit den Pflanzen tritt dieses ätherische Wirken erstmals in Erscheinung. Die Pflanzen sind sehr weitgehend und unmittelbar von diesen Ätherkräften bestimmt. Dabei fällt auf, dass die Pflanze mit ihrem Streben die Schwerkraft zu einem gewissen Grad überwindet, bzw. dass diese nicht so vollständig bestimmend ist, wie dies für einen Stein der Fall ist. Hier lässt sich die Ätherkraft der Pflanze erahnen, von der es in der Geisteswissenschaft heißt, dass sie zwar auf der Erde wirksam wird, aber ihren Ursprung im Kosmos besitzt. Die Ätherkraft scheint einen Raum der Leichtigkeit zu eröffnen, in den hinein sich die Pflanze auf jeweils spezifische Art eingliedert. Der „freie Äther" scheint diesen Raum zu gewähren, in dem die physikalischen Gesetze z.B. der Schwerkraft durch eine Leichtkraft der rein irdischen Sphäre enthoben werden. Die Pflanze steht damit zwischen Himmel und Erde, sie vermittelt zwischen diesen beiden Polen. Mit der Wurzel zeigt sie zum Erdmittelpunkt, verankert sich im Erdreich. Mit dem Spross, den Blättern und Blüten aber richtet sie sich zur Sonne aus.

Ätherkräfte organisieren die Materie und überwinden die Schwerkraft

Auch die einzigartige Fähigkeit der Pflanze zur Photosynthese, zur Substanzbildung aus Licht, kann im Hinblick auf schaffende, schöpferische Kräfte des Äthers, dem die Pflanze ihr Leben verdankt, bedacht werden. Die Pflanze wird dadurch zum Spender des Lebens für alle folgenden Lebensbereiche. Sie wandelt das Kohlendioxid zu Sauerstoff um und substanziiert das kosmische Licht und die Wärme der Sonne in Stoffe, deren alles folgende Leben bedarf. Fette, Kohlenhydrate, Eiweiße, Aromen, die primäre Erzeugung obliegt den Pflanzen. Weiterhin schenken sie arzneilich wirksame Stoffe bis hin zu den Düften, Farben und „Gesten" die wir mit den subtilen Qualitäten von Schönheit und Freude in Verbindung bringen können.

Und auf ähnlich feiner Ebene spenden sie uns die seelischen Impulse, welche Edward Bach in ihnen entdecken und als Heilmittel komponieren konnte.

Aus der Wechselwirkung von Licht und Pflanze entsteht Sauerstoff als Lebensstoff

DIE ERFORSCHUNG DER NATUR MIT DEM GEDANKEN DER ÄTHERKRÄFTE

Zahlreiche, ja sogar zahllose Impulse einer tieferen Beschäftigung mit dem Leben und dessen Phänomenen lassen sich in der Beschäftigung mit den Bachblüten ableiten und schenken damit eine tiefere Sicht zur Natur und deren Seinsprinzipien.

Im Wunsch, die Geheimnisse der Seele und damit unserer eigenen Existenz zu ergründen, blicken wir – paradoxerweise – gar nicht primär nach innen. Wir blicken nach „draußen" wo sich diese Qualitäten in der Schönheit und Weisheit der Natur ausdrücken. Der Weg nach „Innen" führt in diesem Sinne über die Aufmerksamkeit nach außen, er führt zum Interesse an den schöpferischen Kräften, die in der Natur und im ganzen Leben walten.

Für das Verständnis der Heilwirkungen auf nicht-materielle Weise – und auch für die Beschäftigung mit Pflanzen und deren spezifischem „Wesen", also nicht nur ihrer Substanz, sondern auch ihres „Ausdrucks" – ist die Beschäftigung mit dem „Äther" sehr sinnvoll. Man kann diesen Begriff „Äther" nur einmal als Idee, als Hypothese nehmen und die Beobachtung damit auf einen bisher unbekannten Aspekt des Lebens lenken. Man muss nicht an den „Äther" im Sinne einer Konfession oder Weltanschauung glauben, sondern kann ihn nur einmal als Aspekt des Lebens zur Betrachtung z. B. von Pflanzen oder auch des Wassers und des Lichts hinzunehmen. Denn jede Beobachtung bedarf ja einer gedanklichen Begleitung, damit der Sinnesprozess zu einem Bewusstseinsprozess wird. Ich beachte die Form der Blätter oder jene der Blüten nur dann bewusst, wenn ich die „Idee" des Blattes oder der Blüte kenne und sie in der Wirklichkeit suche. Dieses Prinzip ist bei der Entstehung eines bewussten sinnlichen Eindrucks bestimmend und es kann ebenso zu Wahrnehmungen von übersinnlichen Prozessen entwickelt werden.

Was sind Ätherkräfte?

DER ASTRALLEIB UND DAS ICH DES MENSCHEN

Die nächste Ebene, die mit den Tieren ihren Ausdruck findet, wird in der „geistigen Wissenschaft“ mit „Astralleib“ bezeichnet. Das Tier ist im Gegensatz zur Pflanze mobil und es ist sinnesbegabt. Das Tier lebt die Kräfte von Sympathie und Antipathie und wird auf dieser Ebene vom Instinkt geführt.

Auch der Mensch verfügt über diesen Astralleib, bei ihm sollte und kann an der Stelle des Instinktes, welcher das Tier „regiert", das vierte Glied, das nur dem Menschen eigen ist, das „Ich" führend werden. So wie das Tier an seiner Stelle und mit seinem Leben, seinen Affekten, seinen Begierden immer „richtig" ist, so muss sich der Mensch durch sein Ich des Bewusstseins bedienen und sich selbst mit durch ihn selbst begründeten Werten und Zielen durch das Leben führen lernen. Dafür kann und muss er auf seine Seelenkräfte des Denkens, des Fühlens und Wollens zurückgreifen. Damit stellt sich nur für den Menschen die Frage nach Moral, nach „Gut" und „Böse" und nur für den Menschen ergibt sich die Möglichkeit und Anforderung der Freiheit.

Tiere sind beseelt, sie haben Gefühle

Für die Auseinandersetzung mit der Bachblüten-Therapie spielt nun die Tierwelt keine große Rolle, sie kann aber als „Kontrast" dienen, um das Wesen der Pflanze und die Kapazität des Menschen besser zu verstehen.

Edward Bach legte großen Wert darauf, seine Heilmittel aus sehr „reinen" Pflanzen zu gewinnen. In den Pflanzen sah er jene Tugenden verkörpert, deren Fehlen beim Menschen zu einer Entwicklungshemmung und damit zum Korrektiv der Krankheit führt. Die körperlichen Symptome hatten daher bei Edward Bach weniger Bedeutung, ihm ging es um den Mangel im Bewusstsein, um jenen jeweils spezifischen Aspekt, warum der Mensch nicht zu einem höheren, reiferen und seelisch erfüllteren Leben durchzukommen vermochte.

Der Mensch ist nun durch seinen Astralleib in ein Kräftefeld von Ab- und Zuneigung, von Anziehung und Abstoßung eingebettet. Dadurch erschließt sich ihm das große Feld von Beziehungen, von Interesse und Empathie. Diese Kräfte können aber – werden sie nicht positiv entfaltet – in eine Entwicklungsstagnation führen, die letztlich sehr leicht destruktive Elemente freisetzt.

DIE BETRACHTUNG DER PFLANZEN – EINE SEELENÜBUNG

Ergänzend zur oftmals und umfänglich beschriebenen Anamnese der Bachblüten möchte ich hier einen weiteren Ansatz des Umgangs beschreiben, der mir sinnvoll und wichtig erscheint. Gerade die Bachblüten-Therapie kann dazu verführen, das Augenmerk zu sehr auf sich selbst, auf Defizite oder Ängste, auf Mängel oder Hoffnungen zu richten. Man könnte dem Irrtum unterliegen, erst „heil" werden zu müssen, bevor man „das Leben beginnt". Das Leben aber findet in jedem Augenblick statt und es kann unmittelbar genutzt werden, um neue Erkenntnisse und Ideale zu prägen.

Im Sinne unserer Zeit und im Sinne Edward Bachs ist sicherlich die Entfaltung des Bewusstseins, die Gründung tatsächlich seelischer Werte mit den größten Heilimpulsen verbunden. Mit den Pflanzen treten ätherische und wie tugendhafte Kräfte in unser Blickfeld, wenn wir die Pflanzen unter diesen Gesichtspunkten betrachten lernen. In den Schriften Edward Bachs finden wir detaillierte Hinweise auf das jeweilige „Wesen" der Pflanze, auf ihre Tugend, ihre Heilkraft, ihr Potenzial in Hinblick auf ihre Struktur, die sie aus Licht und Wärme, aus Standort und Materie gebildet hat.

Water Violet

Wir können also eine Seelenübung beginnen, indem wir den Sinnesprozess zu einer genauen Betrachtung, Beobachtung und Analyse führen. Wir besehen die Pflanze so genau, dass wir sie aus der Erinnerung wiedererstehen lassen können. Indem wir die Blätter und Blüten, ihren Habitus und Gestus in Gedanken rekonstruieren, lernen wir die in der Pflanze wirksamen Bildekräfte deutlicher zu empfinden, wir schulen und erweitern unser Bewusstsein um schöpferische Ideen. Wir können beobachten und bedenken, wie sich die Pflanze zu Boden und Wuchsort, zu Licht und Wasser in Beziehung bringt. Wie „reagiert" das Blatt, die Blüte auf die Berührung des Lichtes? Welche subtilen Kräfte prägen den Ausdruck der Pflanze? Welche Unterschiede bestehen zwischen der Esskastanie und dem Springkraut? Wie steht der „Einjährige Knäuel" im Verhältnis zu seiner Verwandtschaft in engerem Sinn mit den Mieren oder im weiteren Bezug zu den Nelken?

Wir erschließen uns konkrete und detaillierte Fragen, welche die Aufmerksamkeit lenken. Im steigenden Interesse und mit den begleitenden Fragen nach dem „Wesen" der Pflanzen bilden sich langsam Antworten auf der Ebene der Empfindung. Wir ordnen unseren Astralleib, unsere Motive von Sympathie und Antipathie durch eigene Aktivität und gewinnen damit neue, mehr beseelte Empfindungen.

DIE BETRACHTUNG DER AUSSAGEN EDWARD BACHS ALS ERWEITERTE SEELENÜBUNG

Diese Ebene fördern wir des Weiteren durch das Studium der Schriften und Aussagen von Edward Bach, denn sein Leben ist von diesen Kräften durchdrungen und somit lebt die spezifische Seele im gesamten Werk dieses großen Arztes und Heilers. Einzelne Absätze zu Blumen des Interesses wegen auswendig zu lernen und in der Betrachtung der Blume bei sich in Erinnerung zu rufen, trägt viel zur Beziehungs- und Erkenntnisbildung bei. Man kann sich vorstellen, persönlich mit dieser Person, dem Gründer dieser Heilmethode, in Austausch zu treten und wie dankbar seinen Ausführungen zu folgen. Und man kann den „Duktus" seines Werkes im Gesamten betrachten, in der Bemühung, Werk und Person tiefer zu verstehen. Und – auch das scheint mir wichtig – man kann vor diesem idealeren Ansatz auch manche Therapieansätze der Gegenwart wie vergleichend betrachten.

Man kann sich Aussagen Edward Bachs in die Erinnerung rufen und deren Wirkung auf die eigene Verfassung beobachten. Und man kann sich fragen, ob eine Aussage, eine Bemühung, die man selbst oder andere Personen getätigt hat, eine ähnliche Weite, einen ähnlichen Freiraum und vergleichbar schöne Perspektiven eröffnen.

Gerade im Hinblick auf die mediale Überflutung mit Informationen stellt sich auch die Frage nach der gesundheitlichen Auswirkung von unzusammenhängenden, mit Ängsten und Suggestionen aufgeladenen Informationen mit gewisser Dringlichkeit. Die Frage, ob sich aus den Aussagen einer Person tatsächliche Inhalte erschließen, ob ihnen wirkliche Kenntnis und Substanz zugrundeliegen, kann dazu dienen, zu unterscheiden, ob Lebenskraft, Aufrichtigkeit und Menschsein gefördert werden, d.h. ob – analog zum Licht im Verhältnis zur Pflanze – Äther aufgebaut wird oder ob Lebenskraft und Lebenszeit vergeudet wird. So lässt auch hier der Blick auf Edward Bach und der Blick in die Natur die Frage sehr wesentlich und tiefgründig erscheinen: Wie ist die Beziehung gelagert – ist sie frei und förderlich?

In der so konkreten wie philosophisch tiefen Betrachtung und Auseinandersetzung, sowohl mit Schriften von Edward Bach oder anderen Persönlichkeiten als auch mit Aspekten der Natur, werden wir bemerken, nicht manipuliert zu werden. Sie lassen uns frei und fördern uns auf einer Ebene, die sich erst langsam in uns bildet und zu einer seelischen Wirklichkeit, einem individuellen Bewusstsein wird.

In diesem Sinne wünsche ich Ihnen, den Bachblüten und auch diesem Buch eine Zukunft, die im besten Sinne wesentlich ist und zu Wesentlichem beiträgt.

DIE BACHBLÜTEN ALS BEWUSSTES GEGENÜBER

MARTIN SINZINGER

Es ergeben sich aus dem Ansatz Edward Bachs, der Gemütszustände mit den Essenzen behandelte, sehr interessante Fragestellungen. Zum einen verzichtete er als Arzt auf die übliche Anamnese der körperlichen Beschwerden, weiterhin verwendete er weder stoffliche Auszüge, noch setzte er – insofern „seine" Pflanzen klassische Heilpflanzen sind – sie in deren tradiertem Anwendungsgebiet ein. Sein Ansatz ist also vollkommen unüblich und originär.

Vermutlich wird man mit den Bachblüten in Kontakt kommen, weil man eine alternative, sanfte Heilmethode sucht und in diesem Zusammenhang – meist durch Empfehlungen – auf die Tropfen aufmerksam wird. Ich denke, dass Menschen, die sich zu natürlichen Heilweisen hingezogen fühlen, auch eine Sehnsucht zur Natur verspüren. Beginnt man zusätzlich zu den Bachblütentropfen auch die Pflanze, das „Wesen", das in den Tropfen wirkt, zu betrachten, so regt dies das Bewusstsein an. Der Einzelne tritt durch diese Auseinandersetzung in eine freudige Anteilnahme zur Natur und allgemein zum Leben. Während das Fläschchen ziemlich anonym ist, ist die Pflanze ein konkretes Gegenüber, während die Tropfen ohne Beteiligung des bewussten Bewusstseins wirken, kann sich dieses an den Blüten lebendige Bezüge und Erkenntnisse bilden. Natürlich stehen die Aussagen Edward Bachs damit immer unmittelbar in Beziehung und können die Richtung der Aufmerksamkeit vorgeben.

DIE BEDEUTUNG DES TAUTROPFENS UND DES WASSERS

Ohne auf die „Sonnen- oder Kochmethode" genauer einzugehen, lohnt in diesem Zusammenhang die Beschäftigung mit dem Wasser und insbesondere mit dem Phänomen des Tautropfens. Dieses in der Nacht kondensierende Wasser, das sich auf Grasspitzen, an Blütenblättern etc. absetzt, oder im prominenten Fall der „Alchemilla", des Frauenmantels, von Pflanzen ausgeschieden wird, umgibt ein besonderer Reiz. Man kann erahnen, wie das Licht und die morgendliche Atmosphäre in diesen Tropfen zu einer flüchtigen Substanz gerinnen. Bevor die höhersteigende Sonne diesen Zauber „in Luft auflöst", funkelt das Licht und spiegelt sich das Umfeld in diesen Perlen. Der Tau war von den Alchemisten hochgeschätzt und die frühe Stunde seines Erscheinens entspricht in Indien der Stunde der Meditation, der Besinnung auf das Wesentliche und Göttliche, auf das schöpferische, geistige Prinzip. Brahma Muhurta, die Zeit um den Sonnenaufgang, ist Brahma, dem göttlichen Aspekt der Schöpfung, also des Beginns, der Erzeugung, des Entstehens gewidmet.

Das yogische Gebet an die Sonne, Surya Namaskar, verneigt sich in einem dynamischen Bewegungsablauf vor diesem Aspekt des Seins, der auch mit einem freien, das heißt von der Materie unabhängigen Geist in Beziehung gebracht werden kann. Heinz Grill formulierte zu einer ähnlichen, von ihm entwickelten Abfolge von empfindenden Gesten, die er als „Kosmisches Gebet" benannte, einen sehr schönen, mantrischen Sinnspruch:

Der Beginn
liegt in der Bereitschaft
zur Blume zu wachsen
weit dem Lichte offen
zur Mitte sich wendend
mit Anerkennung
und Hingabe

Heinz Grill

Mit dem Morgen tritt die Welt in die Erscheinung, welche für den Inder tatsächlich eine Welt der Erscheinung, der Täuschung, der Maja, der Illusion ist. Wirklich war ihm die Idee, der Gedanke, der Geist. Sein irdischer, verkörperter Ausdruck erschien bereits relativ – hier ist das wahre „Sein" bereits verborgen und versteckt, in die Welt der Dualität geworfen. Der Westen ist hierzu in seiner Mentalität fast gegensätzlich, er verdrängt den Tod und sieht einzig das irdische, materielle Leben als Wahrheit und Maß aller Dinge. Die Bestimmung des „Seins", des geistigen Urgrundes, erhält wenig Aufmerksamkeit.

Dies ist mit ein Grund, warum die materielle, ja selbst die soziale Entwicklung z.B. in Indien nicht den höchsten Wert besitzt, während der Westen in dieser Hinsicht höchste Errungenschaften feiert, aber kaum mehr ein Empfinden für Seele im transzendenten Sinn besitzt. Sicherlich ist eine Synthese dieser beiden leicht ins Extrem gleitenden Pole, jenem der „Weltflucht" und jenem der „Geistflucht" oder anders benannt, der Vernachlässigung der irdischen Anforderungen oder deren Überbetonung, sehr wünschenswert.

Das Wasser nun scheint sowohl Materie, als auch „Kraft" zu sein, es zeigt in dieser Hinsicht große Vielfalt und Eleganz. Es verwandelt seine Zustände beständig, es pendelt zwischen den Zuständen, es gleicht damit, wie Goethe es im „Gesang der Geister über dem Wasser" formuliert, der Seele des Menschen, die sich zwischen Erde und Himmel bewegt. Das Wasser gerinnt zu Tropfen, löst sich in Strömen und in der Luft auf, nimmt in sich auf und gibt wieder ab, es symbolisiert so tatsächlich beständige Sammlung, Auflösung, Wandel, Verbindung und markiert einen beständigen Grenzüberschritt von sichtbar und unsichtbar, es vereint in sich Polaritäten, drückt diese aus und verbindet sie. Es durchdringt die Pflanze, durchströmt den menschlichen Körper, sammelt sich im Meer und funkelt am Morgen in der Sonne, bevor es als Dunst in die Atmosphäre eingeht und Teil der Lufthülle wird, die alles Lebende verbindet.

Die Alchemisten trachteten danach, Blei zu Gold zu verwandeln. Im tieferen Sinn symbolisierte dies das Bemühen zur Veredelung des Seins in Materie und Geist. So wie Blei zu Gold „geläutert" wird, so soll sich der Mensch vom Egoismus zu göttlicher Liebe wandeln, sich selbst im höchsten Sinne erkennen. So wie Blei als stumpfe, saturnische Kraft angesehen wurde, war das Gold der Sonne, dem schöpferischen, formenden, gestaltenden und zeugenden Prinzip zugeordnet. Golden steigt die Sonne am Morgen über den Horizont und spendet damit alles Leben. Sie bedient sich des Wassers als Vermittler zur Erde, das alles Leben sowohl materiell gründet, als auch in den Strom des Lebens einbindet. Wenn auch der „Stein der Weisen" als Werkzeug dieser Transzendierung gesucht wurde, war dabei der Tau von großer Bedeutung. Daher auch der wissenschaftliche Name für den Frauenmantel mit seinem Kranz von Tau- bzw. Guttationstropfen am Morgen – Alchemilla.

DIE EMPFINDUNG AM MORGEN

Dieses morgendliche, zauberhafte Licht, diese Zeit des Erwachens der Natur, diese Momente des glitzernden Taus kann man sich nun vorstellen – und natürlich auch aufsuchen – als Augenblicke von besonderem Zauber, von zauberhafter Intensität. In dieser Zeit, bevor die Geschäftigkeit des Alltags erwacht, treten die Blumen in die sichtbare Welt. Sobald die Sonne über den Horizont steigt und ihre Strahlen die Pflanze berühren, wird der Blume ihr „kosmisches Sein" geschenkt, sie erhebt und gliedert sich in die lichte Weite, welche die Sonne eröffnet. Sie verliert die nächtliche Erdenschwere und wird zum Wesen zwischen Erde und Sonne, zwischen Materie und kosmischen Qualitäten wie Licht und Wärme, erweckt.

Wenn wir nun diese Stimmung nachvollziehen, so bemerken wir, dass tatsächlich auch wir uns darin nicht alltäglich, sondern empfindender, berührter und insbesondere dankbarer und damit ruhiger fühlen. Indem wir uns dem Leben näher fühlen, weicht manche Bedrängnis, manche Forderung zurück. Dieses Fühlen ist nun einerseits von außen, durch die Situation bedingt, sie steht aber auch mit uns in Beziehung, weil wir uns auf eine spezifische, man könnte sagen, mehr empfindende, künstlerisch fühlende Weise in sie hineinbegeben. Ich möchte aber betonen, dass dieses Fühlen nicht durch Suggestionen, durch Einbildungen oder gesteigerte Emotionen herbeigeführt werden soll. Im Gegenteil treten gerade durch die gesteigerte Wachheit für eine stillere Realität die Emotionen und die tatsächlich oftmals manipulativen Einflüsse des Alltags und der Unzahl an Informationen, Bedrängnissen etc. zurück.

Wir entwickeln dadurch eine inniglichere, konzentriertere Aufmerksamkeit für eine Ebene, die sich durch ihre Feinheit zumeist der Beachtung entzieht. Die gesteigerte Wahrnehmung beruht auf einer Schärfung der Sinne und der Aufmerksamkeit nach außen, nicht auf einem Zustand, der das Wachbewusstsein herabdämpft. Das Bewusstsein sucht über die Sinne beispielsweise den Kontakt zu einer Blume, nimmt diese in ihrer Physis, ihrem Habitus und Habitat wahr. Gedanklich wird dieser Prozess von der Vorstellung begleitet, dass das Sichtbare eine Offenbarung eines Unsichtbaren ist, dass hinter aller Erscheinung etwas liegt, das man als „Motiv", als „Grund" und Ursache annehmen kann. So wie jeder menschlichen Handlung ein – bewusster oder unbewusster – Impuls zugrunde liegt, so kann man die Betrachtung still mit der *Frage nach dem „Wesen" der Pflanze, allgemein der Natur,* begleiten.

Was ist das Wesen dieser Pflanze?

DAS REINE SEIN DER NATUR ALS ANREGUNG ZUR HEILUNG

Es liegt unmittelbar am Einfluss der Natur selbst, dass wir uns in ihr und insbesondere am Morgen auf diese Weise leichter zentrieren können. Denn die Natur – und ebenso die Pflanzen – richten keine Forderungen an uns, sie möchten uns weder etwas verkaufen, noch uns zu irgendeiner Überzeugung bringen. In diesem Sinn umgibt uns in der Natur reines „Sein". Dieses „Sein" ist der Ausdruck schöpferischer Kräfte, die man als die in der Natur wirkende Schönheit, Harmonie und Weisheit bezeichnen könnte. Sie steht damit in apersonaler Weise dem, was in uns als tiefere Seele veranlagt ist, sehr nahe. Wenn wir in Beziehung – ich möchte sogar sagen – in eine Begegnung mit der Natur treten, so offenbaren sich uns darin schöpferische Prinzipien, die unser Seelendasein sehr unmittelbar ansprechen.

Wenn nun Edward Bach die Ursache von Krankheiten in einer psychischen Disposition benannte, einer Ablenkung, die uns vom tieferen Lebenssinn und damit von individuellen Aufgaben und Lebenszielen im Hinblick auf die Entwicklung der tieferen Seele abhalten, so treten uns mit den Bach-Blüten gewissermaßen diese Defizite als entwickeltes Sein, als Ideal entgegen.

In der von Samuel Hahnemann begründeten Homöopathie gilt der Ähnlichkeitsgrundsatz „similia similibus curantur", also Ähnliches wird durch Ähnliches geheilt. Anhand der Tollkirsche als Giftpflanze lässt sich dieses Prinzip sehr eindrücklich darlegen. Die Vergiftung wird durch Atropin verursacht, ein Tropan-Alkaloid, wie es für Nachtschattengewächse typisch ist und das nach der griechischen Schicksalsgöttin, welche den Lebensfaden durchschneidet, benannt ist. Als Symptome treten eine Weitstellung der Pupillen auf, daher der wissenschaftliche Name Atropa belladonna, „Schöne Frau", weiterhin eine Beschleunigung der Herzfrequenz, trockener Mund bis hin zu Wahnvorstellungen, die mit der veränderten Nerven-Reizleitung zusammenhängen. Eine Krankheit mit diesem „Mittelbild" wird durch die homöopathische Zubereitung der diese Symptome verursachenden Pflanze behandelt. Stofflich kommt das Gift in der Homöopathie durch die starke, rhythmische Verdünnung – die Potenzierung – nicht zur Wirksamkeit.

Der Mensch erhält eine seiner Krankheit ähnliche „Information" auf nicht stofflicher Ebene von außen zugeführt, welche es ihm ermöglicht, darauf zu reagieren. Es ist scheinbar der von außen kommende Reiz, der dazu anregt, die Krankheit als etwas „Fremdes" zu erkennen und zu überwinden.

Bei den Bachblüten ist die Wirksamkeit ebensowenig stofflich erklärbar, aber es wird nun nicht eine Krankheit abgestoßen, sondern ein positives Bild erzeugt, das Bild des zur Tugend entwickelten Mangels. Dem spezifischen, hemmenden Lebensgefühl, das eine weitere Entwicklung bislang blockiert, der „zu tiefen" Stimmung des Menschen wird das positive, höher gestimmte „Wesensbild" durch die Pflanze vermittelt. Es wird also nicht die Krankheit abgestoßen, sondern die Gesundheit angezogen, sodass sich die Krankheit von alleine verabschieden kann, da sie nicht mehr als Korrektiv benötigt wird.

Weil die Pflanze über kein Nervensystem verfügt, bleibt sie von den polaren Gefühlsströmen unberührt. Sie bewahrt in ihrem Wesen gleichsam ein reines, seelisches Sein. Während der Mensch dieses höhere Gewahrsein durch die Läuterung, durch die Ordnung seiner Gefühle, die Schulung seines Denkens und Willens auf bewusster Stufe erlangen kann, lebt es sich in der Pflanze unmittelbar aus.

Man könnte sagen, mit den Pflanzen ist die unendliche Vielfalt, Freude und Lebenskraft tieferer, seelischer Regungen über die Erde ausgebreitet – zwar sichtbar, aber doch ohne gänzlich nur Materie zu sein. In den Pflanzen lebt ein Hauch reiner Lebenskraft in der Synthese von Erde und Kosmos, von Substanz und Geist. Allerdings kann sich – z.B. mit der Giftbildung – auch in den Pflanzen eine Art „Verstimmung" ausdrücken, eine „Trübung" des reinen, vegetativen oder „ätherischen" Prinzips.

Edward Bach wählte daher ihm sehr „rein", sehr „edel" erscheinende Blüten aus. Dabei umfasst seine Auswahl sowohl ein- als auch zweikeimblättrige Pflanzen, also die beiden grundlegenden Gruppen, bei der auf der einen Seite die Rose und auf der anderen die Lilie stehen. Ebenso werden mit „Wild Oat", einem Gras, mit zahlreichen sowohl einjährigen, zweijährigen oder auch ausdauernden „Kräutern“, mit verholzenden Pflanzen bis hin zu mächtigen Bäumen alle grundlegenden Ausformungen der Pflanzenwelt berücksichtigt. Mit „Clematis“ und „Honey Suckle“ sind Lianen, Schlingpflanzen aufgenommen, mit „Sweet Chestnut“ und Oliven wichtige Kulturpflanzen zur menschlichen Ernährung, „Star of Bethlehem“ und „Water Violett“ sind außerordentlich schön. „Centaury“ ist eine seit dem Altertum geschätzte Heilpflanze, „Scleranthus“ ist eine meines Wissens nach bisher nirgends beachtete Pflanze, die sich durch ihre völlige Unauffälligkeit auszeichnet.

Jede Pflanzenfamilie, jede Gattung und jede Art verkörpert ein spezifisches Prinzip, das wiederum in den Jahreszeiten, den Wuchsorten etc. variiert und spezifiziert wird. Weil der Pflanze das, was am Menschen Persönlichkeit, Selbstbewusstsein ist, fehlt, ist sie frei von Irrtümern und egoistischen Trieben. Sie ist – ihrer Natur gemäß – selbstlos und sie ist, wie sich dies in der Erzeugung von Sauerstoff, von Nahrungs- und Heilmitteln so deutlich zeigt, gebend.

In dieser Ebene kann die Pflanze ein höchstes Ideal für die reine Seele und das transzendente Menschsein sein. Die Krankheit wird überwunden, weil ein neuer, ein höherer, edlerer Aspekt des Lebens in die Wirklichkeit tritt. Die Gesundung ist in diesem Sinn wie eine Neugeburt, die altes, unbrauchbar Gewordenes überwindet und einen weiteren Horizont mit neuen Idealen und Perspektiven erschließt.

Die Pflanzen kann man in diesem Sinne ebenfalls als Ausdruck einer Idee, eines schöpferischen Gedankens verstehen. Sie stellen eine gewordene Gestaltung dar und drücken in ihrer Form, in ihrer Farbe, in ihrem Duft – in ihrem stillen Leben – Gestaltungskräfte aus.

Als Beispiele möchte ich einige der Pflanzen etwas näherbringen, mit welchen ich mich selbst intensiver beschäftigt habe und welche in der Bachblüten-Therapie Verwendung finden.

DIE BESCHÄFTIGUNG MIT DER OLIVE

Die bekannteste Pflanze dürfte vielleicht sogar die Olive sein, die Edward Bach für sehr erschöpfte Menschen als Heilmittel empfahl: „Für diejenigen, die geistig oder körperlich viel ertragen haben und die so erschöpft und ermüdet sind, dass sie das Gefühl haben, keine Kraft mehr für irgendeine Anstrengung zu haben. Das tägliche Leben bedeutet für sie harte Arbeit, an der sie keine Freude haben."

Interessant scheint mir hierbei besonders die Beschreibung, dass das tägliche Leben als harte Arbeit erscheint, die keine Freude bereitet. Was ja im Umkehrschluss die Aussage in sich trägt, dass der positive Lebenszustand Leben und Arbeit als freudig wertet. Man begeistert sich für etwas und man freut sich schon auf das Tagwerk, kann es vielleicht gar nicht erwarten, am Morgen aufzustehen, um das umzusetzen, was man im Leben „bewegen" möchte.

Die Olive kennt man vielleicht weniger als Baum und man kennt vermutlich die unscheinbaren Blüten gar nicht. Was man von der Olive aber kennt, sind ihre Früchte und das daraus gewonnene Öl. Dieses Öl kann man wohl tatsächlich als zu Stoff gewordene Wärme und Licht südlicher Landschaften bezeichnen. Der Ölbaum ist fast eine Art Symbol für den mediterranen Raum und auch für mediterranes Leben.

Die südliche Lebensart scheint uns „leichter", freudiger und extrovertierter als die nordische Mentalität. Der Olivenbaum mit seinem immergrünen, silbrigen Laub, das sich im Wind bewegt und mit dem Licht spielt, scheint mit seinem Umfeld ebenso intensiv in Beziehung zu stehen. Er wird sehr alt und hat ein enormes Vermögen, wieder auszutreiben. Aus knorrigen, Jahrhunderte alten, zerborstenen Stämmen wachsen frische, junge Triebe aus schlafenden Augen und verjüngen auch den ältesten Baum-Greis beständig.

Man kann der Olive daher durchaus eine enorme Lebenskraft und Vitalität bescheinigen. Sie erträgt Hitze und Trockenheit, karge Böden und starken Rückschnitt. Lediglich auf Kälte reagiert sie empfindlich, einige Minusgrade toleriert sie, starken Frösten aber widersteht sie nicht, ein heftiger Kälteeinbruch kann uralte Bestände vernichten. Wie 1985 in der Toskana bei bis zu 20 Grad Kälte der winterliche Saftstrom unter der Rinde gefror, die Rinde aufriss und ganze, einstmals still-heitere Landschaften in deprimierende Baumfriedhöfe verwandelte. Noch etwas braucht die Olive: Licht und Luft. Sie schätzt eine klare, lichtdurchflutete Atmosphäre und trägt in ihrem ganzen Aussehen auch dazu bei. Sie veredelt den Anblick einer Landschaft um diese bewegten, empfindsamen Aspekte.

Diese Vitalität zeigt sich nicht in „überschießenden" Kräften, das Licht wirkt sehr stark strukturierend auf die gesamte Pflanze. So wie die Olive, die Frucht, sehr zentriert wirkt, so macht auch der gesamte Baum einen zentrierten, nicht aber kompakten oder gar abgeschirmten Eindruck. Bei der Olive kann man fast sinnlich wahrnehmen, wie das Licht einerseits eben zentrierend wirkt, auf der anderen Seite aber auch offen und sensibel für das Umfeld macht.

Die Blüten sind klein und unscheinbar. Sie erscheinen im Frühling in kleinen Träubchen und schenken den gleichen Eindruck, den auch der Baum selbst macht, sie wirken schön, kräftig und zentriert und doch auch in die Weite, ins Licht geöffnet.

Wenn man als Vergleich den Flieder nimmt, der botanisch mit der Olive verwandt ist, so lässt sich durch die Unterschiede der Eindruck noch klarer fassen. Der Flieder hat prächtige, auffallende Blüten und einen geradezu betörenden Duft. Er setzt nur wenige, holzige Fruchtschoten an, die kaum fruchtbar sind. Er vermehrt sich vor allem durch Wurzelbrut. Beim Flieder scheint die Vitalität sehr viel „äußerlicher", fast leidenschaftlich erregt. Der Eindruck der Olive wirkt fast gegenteilig.

Die Olive treibt aus sehr alten Stämmen neue Triebe,
die Blätter glitzern silbrig im Licht.

Es ist eine schöne Übung, sich im Süden etwas Zeit zu nehmen, um einen Olivenbaum sowohl besinnlich, als auch intensiv zu betrachten. Und wie bereits angeregt, ihn nach der Betrachtung gedanklich nachzuschaffen. Durch diesen Prozess der Vorstellungsbildung, von den Wurzelansätzen, über den Stamm bis hin zu Blättern, Blüten oder Früchten, können wir uns tatsächlich den wirkenden Bildekräften annähern. Je exakter die Vorstellungsbildung gelingt, desto mehr regen wir in uns einen Eindruck über die in der Natur wirkenden Gesetze der Weisheit und deren schöpferischen Tätigkeiten an.

DER BLICK AUF DIE WEGWARTE

Eine weitere Bach-Blüte ist „Chicory" die Wegwarte. Auch ihr kann man relativ leicht begegnen und somit konkrete Betrachtungen anstellen. Edward Bach schreibt dazu: „Für diejenigen, die sehr auf die Bedürfnisse anderer bedacht sind; sie neigen dazu, vor Fürsorge für Kinder, Verwandte, Freunde überzufließen, und sie finden immer etwas, das gerichtet werden muss. Ständig verbessern sie etwas, was ihnen falsch vorkommt und genießen das. Sie wünschen die, um die sie sich kümmern, um sich zu haben."

Botanisch gehört die Wegwarte zu den Korbblütlern. Diese Pflanzenfamilie umfasst viele Blumen, sie stellt geradezu den „typischen" Blütentyp, mit den sonnenhaften, radialstrahligen Köpfchen, den Kinder zeichnen. Sonnenblume, Kamille, Margerite und Löwenzahn sind „Compositae", besitzen einen – in unterschiedlichem Verhältnis – aus Einzelblüten zusammengesetzten Blütenstand. Das „Körbchen", aus dem sich die Blüte entfaltet, bildet zuerst die Knospe und hüllt diese ein. Die „Blütenscheibe" wird im Zentrum aus radiärsymmetrischen Scheibenblüten gebildet und die nach außen ragenden Blütenstrahlen werden als Zungenblüten bezeichnet. Sie sind einseitig wie zentrifugal ins Umfeld orientiert.

Die Wegwarte wurzelt außerordentlich tief und kräftig. Auch ihr sparriger Wuchs macht einen robusten Eindruck, ohne aber „ins Kraut" zu schießen. Das Wirken von

Lichtkräften, welche „ziselierend" wirken und jede üppige Blattentfaltung, jegliche Flächenhaftigkeit ins Aufstrebende, Verjüngende abwandeln ist deutlich. Die Zuchtform des Chicorées und die Anzucht der Blattknospe findet daher angehäufelt, unter Lichtabschluss statt. So bildet sich der als Salat geschätzte Trieb, der zudem die sonst typischen Bitterstoffe vermissen lässt. Die Besonderheit der Wegwarte zeigt sich auch im Vergleich mit der Pestwurz, die an schattigen, feuchten Standorte riesige Blätter ausbildet und gedrungen, viel mehr vegetativen Einflüssen hingegeben erscheint. Kinder können sich in den „Pestwurz-Wäldern" wohl leicht ein zwielichtiges Zwergenreich vorstellen, die Welt der Wegwarte ist dem Licht und den Insekten hingegeben.

Auffallend ist die lange Gesamtblütezeit der Wegwarte und die enorm kurze Lebensdauer der Einzelblüte. Nur einen sonnigen Vormittag währen die himmelblauen Strahlenblüten, die das Auge des Wanderers als schönste Sommerzier erfreuen. Man möchte den Begriff der Bescheidenheit mit der Wegwarte in Beziehung bringen, wie sie auf oftmals mageren Standorten ihr zähes, rau behaartes und dünn-sparriges Stängelwerk gliedert. Nur aus Zungenblüten setzt sich der sensible, zarte Blütenstand zusammen, der ihr überhaupt erst zur Sichtbarwerdung verhilft.

Mit den sommerlichen Morgenstrahlen erwacht die Wegwarte zur sinnlichen Erscheinung, steigt die Sonne in den Zenit, ist ihre Pracht schon erloschen und sie verschwindet in der meist schütter bewachsenen Umgebung des Wegrandes, – um am nächsten Morgen wiederum prächtig geschmückt zu erscheinen. So wie Insekten ihre Blüten schätzen, so besuchen Stieglitze gerne ihre Samenstände, um sich an den kleinen, mit einem Faserschöpfchen gekrönten, Nüsschen zu stärken.

BIOGRAPHIE EDWARD BACH

Edward Bach ist am 24. September 1886 in Moseley Birmingham als ältestes von drei Geschwistern geboren. Nach seiner Schulzeit arbeitet er als Lehrling in der Messinggießerei seines Vaters mit und lernt so das Arbeiterleben kennen.

Mit 20 Jahren beginnt er das Studium der Medizin in Birmingham und London. Danach arbeitet er als Chirurg in der Unfallstation am University College Hospital in London. Schon bald darauf beginnt er sich für Immunologie zu interessieren und wird Assistent in der bakteriologischen und immunologischen Abteilung der gleichen Universitätsklinik. Hier erforscht er die Zusammenhänge zwischen chronischen Erkrankungen und bestimmten Bakterienstämmen im Darm. Er beobachtet, dass bei bestimmten Krankheiten ganz bestimmte Bakterienstämme vermehrt im Darm auftreten und es gelingt ihm, sieben solcher Bakterienstämme als Impfstoffe aufzubereiten.

Mit 27 Jahren heiratet er seine erste Frau. Sie stirbt bereits 4 Jahre später an Diphtherie. Kurz darauf erkrankt auch Edward Bach schwer. Er erhält die Diagnose eines bösartigen Milztumors, der sofort operiert werden muss. Die Prognose seiner Arztkollegen nach der Operation lautet: drei Monate Lebenserwartung. Von dieser geringen Überlebenschance angetrieben arbeitet er nun Tag und Nacht, um seine Arbeit für die Behandlung chronischer Erkrankungen vor seinem bevorstehenden Tod fertigstellen zu können. Aus den drei Monaten Lebenserwartung werden so schließlich 19 fruchtbare Jahre.

Schon kurze Zeit später im Mai 1917 heiratet er ein zweites Mal. Aus dieser Ehe geht ein Kind hervor. Diese Ehe wird aber bereits 5 Jahre später wieder geschieden.

In der Zeit von 1918 bis 1922 lernt er die Schriften Samuel Hahnemanns kennen. Edward Bach beschäftigt sich nun intensiv mit den Ideen Hahnemanns und der Homöopathie. Seine Forschungsarbeit bekommt dadurch eine Neuausrichtung: Er beginnt nun auch seine Impfstoffe homöopathisch aufzubereiten, d.h. sie nach den Prinzipien der Homöopathie zu verdünnen und zu potenzieren. Diese neuen Medikamente gehen als sogenannte Bach-Nosoden in den Heilmittelschatz der Homöopathie ein und sind bis heute im Gebrauch. Bach wird zu dieser Zeit auch Mitarbeiter in einem homöopathischen Krankenhaus in London. 1920 publiziert er seinen ersten Artikel im British Homöopathic Journal mit dem Titel „Vakzinetherapie und Homöopathie."

1922 eröffnet er eine eigene Arztpraxis und ein Labor in London. Er behandelt Tausende von Patienten mit seinen Nosoden und veröffentlicht zusammen mit Dr. C. E. Wheeler seine Schrift „Chronic Deseas, A Working Hypothesis („Chronische Krankheit – eine Arbeitshypothese").

Da es ihm missfällt, seine Nosoden von Bakterienstämmen aus dem Darm kranker Menschen herzustellen, macht er sich auf die Suche nach Alternativen. Er beginnt, homöopathische Mittel aus Pflanzen anzufertigen und vergleicht deren Wirkung mit seinen Nosoden. Es gelingt ihm aber zunächst noch nicht, die gleichen Effekte mit den pflanzlichen Mitteln zu erzielen.

1928 gibt er seine gutgehende Praxis auf und widmet sich nun ganz der Erforschung der Pflanzen-Heilmittel. Er bereist zusammen mit seiner Assistentin Nora Weeks England und Wales auf der Suche nach geeigneten Pflanzen und entdeckt dabei die ersten 19 Heilpflanzen seiner von ihm neu entwickelten Blüten-Therapie. Er behandelt mit ihnen erfolgreich zahlreiche Patienten. Die erste Ausgabe seiner bekannten Schrift Heal Thyself („Heile dich selbst") erscheint. Gleichzeitig entwickelt er auch ein eigenes Herstellungsverfahren für die Pflanzenpräparate, die sogenannte Sonnenmethode. Hierzu verwendet er reines Quellwasser, das er in einer Glasschale sammelt und anschließend mit den frischen Blüten bedeckt in die Sonne stellt. Bach geht davon aus, dass das reine Quellwasser durch diese Methode wie ein Tautropfen in der Morgensonne mit den Heilkräften der Natur aufgeladen wird.

1933 veröffentlicht er sein bekanntestes Buch „Twelve Healers" („Die zwölf Heiler und andere Heilmittel"), das Hauptwerk zu seiner Therapie. Da er die Heilkunde den medizinischen Laien zugänglich machen will und diese sogar selbst zum Heilen animiert, bekommt er Probleme mit der Ärzteschaft. Bach hält dem jedoch Stand und kann den drohenden Entzug der Approbation verhindern.

1934 lässt er sich zusammen mit seiner Assistentin in Sotwell, einem kleinen Dorf im Themsetal (Oxfordshire), nieder. An diesem Ort wachsen auch die meisten seiner von ihm verwendeten Pflanzen. Doch schon ein Jahr später macht er sich erneut auf die Suche nach weiteren Pflanzen, da er realisiert, dass sein System noch nicht vollständig ist.

Seine außergewöhnliche Empathiefähigkeit ermöglicht es ihm, sich selbst in die verschiedensten Gemütszustände seiner Patienten hineinzuversetzen und diese ganz zu durchleben. So kann er die geeigneten Pflanzenmittel an sich selbst erproben. Er findet schon bald 19 weitere Heilmittel, vorwiegend aus den Blüten von Bäumen, sowie eine weitere Herstellungsmethode, die sogenannte Kochmethode. Diese Methode wird zumeist für holzige Pflanzen angewendet oder für Pflanzen, die in den lichtärmeren Zeiten des Herbstes und Winters blühen. Dabei werden die Pflanzen am Morgen geerntet und mit frischem Quellwasser für 30 Minuten gekocht. Anschließend wird der Sud zum Abkühlen ins Freie gestellt und gesiebt bis er ganz klar ist.

1936 betrachtet Bach sein System als abgeschlossen und sein Werk als vollendet. Er beginnt, seine Therapie und Erkenntnisse auf Vortragsreisen einer breiteren Öffentlichkeit bekannt zu machen. Am 27. November des gleichen Jahres stirbt er im Alter von 50 Jahren.

Er hinterlässt ein eindrucksvolles Werk an Schriften, Impfstoffen, Medikamenten und seine berühmte Bach-Blütentherapie. Seine Wohn- und Wirkungsstätte in Sotwell steht bis heute als sogenanntes Bach Center Besuchern aus aller Welt offen.

Edward Bach war selbst viel und zum Teil schwer krank und hat Schicksalsschläge, wie den frühen Tod seiner ersten Frau, erleiden müssen. Auch mit seiner zweiten Ehe war ihm kein langes Glück beschieden. Dennoch widmete er sein ganzes Leben dem Dienst am Menschen zur Linderung seiner Leiden und zur Förderung seiner spirituellen Entwicklung. Er war zu Lebzeiten vielfach angefeindet und wird bis heute bekämpft. Seine Therapie wird als angeblich wirkungslos belächelt. Die Zeit, in der die Bachblütentherapie im Fernsehen einem Millionenpublikum präsentiert wird, ist heute vorbei. Es ist stiller geworden um Edward Bach. Dennoch geht auch heute, mehr als 70 Jahre nach seinem Tod, noch eine große Kraft und stille Faszination von seiner Person und seinem Werk aus. Wir möchten mit diesem Buch einen Beitrag dazu leisten, diese große Persönlichkeit und ihr Anliegen neu zu entdecken.

Stephan Wunderlich

LITERATUREMPFEHLUNG

„Die größte Kraft, die der menschliche Geist für seine Mitmenschen und für die Freude der Weltenschöpfung freisetzen kann geschieht, wenn eine Person an richtiger Stelle mutige und weisheitsvolle Handlungen mit Entschiedenheit vollbringt." (Heinz Grill)

Folgende Literatur ist besonders empfehlenswert, diese geeignete Stellung im Leben zu finden.

Literatur mit spirituell-esoterischem Gehalt:

Edward Bach, Gesammelte Werke

Heinz Grill, Übungen für die Seele
Heinz Grill, Die Heilkraft der Seele
Heinz Grill, Wesensgeheimnis der Seele

Rudolf Steiner, Erde und Naturreiche
Rudolf Steiner, Stichwort Gesundheit

Murdo MacDonald-Bayne, Göttliche Heilung von Seele und Leib

Literatur mit wissenschaftlich-exoterischem Gehalt:

Rudolf Hauschka, Heilmittellehre

Otto Wolff, Heilmittel für typische Krankheiten

Wilhelm Pelikan, Heilpflanzenkunde

Werner-Christian Simionis, Wege zum Heilpflanzenerkennen

Susanne Fischer-Rizzi, Medizin der Erde

Erich Fromm, Haben oder Sein